.

哈柏露塔学习法

大声发问, 用力思考:
犹太父母都在用的学习法

[韩] 全声洙 著 熊懿桦 译

国际文化出版公司
· 北京 ·

图书在版编目（CIP）数据

哈柏露塔学习法 / （韩）全声洙著 ；熊懿桦译. --北京 ：国际文化出版公司，2021.5
ISBN 978-7-5125-1301-3

Ⅰ．①哈… Ⅱ．①全… ②熊… Ⅲ．①学习方法－家庭教育
Ⅳ．①G791②G78

中国版本图书馆CIP数据核字(2021)第068032号

北京市版权局著作权合同登记号：图字01-2021-2143号
공부법 ⓒ 2014 by 전성수
First Published in Korea by Kyunghyang BP in 2014 Simplified Chinese Translation
Copyright © 202X by Sinoread Culture & Media Co., Ltd.
All rights reserved.
Simplified Chinese Translation rights arranged by Kyunghyang BP
through Shinwon Agency Co., Seoul

哈柏露塔学习法

作　　者	[韩]全声洙
译　　者	熊懿桦
责任编辑	侯娟雅
策划编辑	兰　青
封面设计	彭振威设计事务所
出版发行	国际文化出版公司
经　　销	国文润华文化传媒（北京）有限责任公司
印　　刷	文畅阁印刷有限公司
开　　本	880毫米×1230毫米　　　32开
	7.75印张　　　　　　　152千字
版　　次	2021年5月第1版
	2021年5月第1次印刷
书　　号	ISBN 978-7-5125-1301-3
定　　价	49.80元

国际文化出版公司
北京朝阳区东土城路乙9号　　　　邮编：100013
总编室：(010) 64271551　　　　传真：(010) 64271578
销售热线：(010) 64271187
传真：(010) 64271187-800
E-mail：icpc@95777.sina.net
http://www.sinoread.com

目录

Contents

前言
犹太教育法让孩子爱上学习

除了回家睡觉，学生待最久的地方是哪里？不用怀疑，就是学校。学生在学校里读书与学习，一直到从学校毕业。

每个人的一生有将近二十年时间用在学习上。孩子出生前，父母就开始进行胎教；出生后，摇篮旁就放置了不少教材，父母迫不及待地要让孩子开始学习。这样的学习历程一直持续到大学毕业，大约二十年。这二十年正值一个人形成价值观、养成习惯与发展人格的最重要时期，因此以何种方式学习，必然影响以后的人生。

读书与学习是_____。

我们试着将平日对于学习与读书的想法填入上列空格。

读书是一场"考验屁股持久力的战争"吗？对多数人而言，学习需要毅力，必须懂得忍耐。许多人以为只要不断背诵课本、长时间坐在书桌前、独自与书本进行角力赛，就可以出

人头地。社会上曾经流行过"四当五落"这样一句话，意思是读书时一天只睡四小时，就会金榜题名；若是睡五小时，就会名落孙山。在生活中，也有许多关于读书的有趣格言，例如：

"只要多读一小时书，老公（老婆）的容貌就会不一样。"

"幸福也许不会排名次，但成功必定会排名次。"

"即使是现在，对手也没有停止过翻阅书本。"

"死命地念书才不会死。"

这些话的共同点是鼓励大家努力读书，最好可以读久一点，而且必须一个人拼命奋战与忍耐。所以，学生为了激励自己，最常贴在书桌前的一句话便是："忍耐是痛苦的，但果实是香甜的。"读书就仿佛是一场耐力赛，考生都必须长久独自与书奋战，才有可能通过大学入学考试、司法考试、行政考试、外交官考试等关卡。像这样靠一个人苦读而成为指导者的人，其实并不懂得如何与他人沟通。一般而言，教师只以讲解或说明的方式授课，很难让学生真正融会贯通。独自一人读书，与外界隔绝，也不容易拥有良好的沟通协调能力。优秀的指导者应该具有开放性思维，能与人进行各种形式的沟通。

况且，在现代社会，读书是一辈子的事，即便苦读多年，也不见得可以成功。再说，咬牙读书可以持续一辈子吗？以前到处都可以看见自修室，但最近很多自修室已经消失，因为一般人很难独自坐在书桌前与书奋战。那些狭窄的隔间稍微改得宽敞点，就成了"考试院"①。

传统教育采用的是"聆听、背诵、考试与遗忘"的学习方式，学生独自一人与书奋战，聆听老师的讲解。老师最常说的话是："安静点！吵死了！不要吵！"教室是安静的地方，在自修室或图书馆最常看到的标语是"安静"与"肃静"。

而犹太人的教育文化注重对话、讨论与辩论。两人一组互相提问、对话、讨论与辩论的方式，称为"哈柏露塔"（Havruta）。

一方面，与朋友热烈地对话、讨论和辩论，会使学习变得快乐。提问与讨论能促使头脑运转与思考，久而久之自然会提升观察力、洞察力、智慧与创意，并让人学会从不同角度思考，找到各种解决问题的方法，而非选出唯一的标准答案。和同学一边讨论一边学习，所有人的问题都能够解决，也能自然而然地培养出沟通、聆听、关怀与社交的能力，减少霸凌等各种青少年问题。与家人沟通，可以解决大部分家庭问题，为家庭带来幸福。犹太人已经用三千多年的时间证明了哈柏露塔的效果。无论是要强化亲子关系、建立幸福家庭，还是要孩子发

---

① 为了让学生专心准备考试而设的低廉租屋。

展思考能力、建立价值观，哈柏露塔都能发挥良好的作用，因为沟通是人类特有的能力，也是最有力的手段。

另一方面，学习的关键其实在于掌握语言能力，比起读书，开口说话并互相分享更重要。哈柏露塔可以刺激脑部活动，将大脑变成最强的状态，改善人与人的关系，为家人带来幸福快乐，提升思考力，帮助人获得成功。

目前教育最严重的问题在于把孩子变成了讨厌思考的人，因为考试要求学生死背教科书上的正解，因此即使孩子擅长背诵，也不会思考。明星讲师总是不让学生自己思考，只会教学生像用镊子一样迅速找到正解的方法。然而，不懂得思考的人哪有未来可言？想一想喜欢思考的民族会有什么未来，讨厌思考的民族会有什么未来吧。要先经过思考，才有能力提出问题并进行讨论。

"哈柏露塔"这个看起来相当简单的概念，是将知识转变成智能与高级思考能力、将死背转变成讨论、将成绩转变成实力、将唯一正解转变成多样化答案、将听课教育转变成发问教育、将孤立式学习转变成沟通式学习、将无趣的学习转变成愉快的学习、将被动式教育转变成自我导向学习的关键秘诀。

我们经常听到有人去美国留学或移民第二代考上常春藤盟校。现在越来越多人在高中毕业后，直接进入美国明星大学就读，但是这些早早就和母亲移民国外，只留父亲独自在国内挣钱，吃尽苦头好不容易进入常春藤盟校的学生，几乎有一半会在中途放弃。即使没有中途辍学顺利毕业的人，也很少能在美国主流社会占有一席之地；就算成功进入主流社会，也撑不过几年就会失业，或只能在父母开的店里帮忙。这些都有统计数据可以证明。

根据《财星》杂志的调查结果，韩国人在美国前 500 名大企业里担任干部的人数只占 0.3%，犹太人占 41.5%，印度人占 10%，中国人占 5%——犹太人是韩国人的 140 倍，印度人是韩国人的 33 倍。

为什么会这样呢？就是没有认真思考过自己为什么而活，也没有养成与他人沟通、妥协与协商的社交能力。

这种人际关系取向的根本，在于亲子关系。如果父母和子女没有良好的互动，孩子进入社会后就难以与别人建立良好的人际关系。哈柏露塔对培养人性与创意来说，是很卓越的教育方法。讨论式的教育方式，不只对学生在认知与社交方面的学习能够产生积极的正面效果，还能激发创意，培养个人特质，提升学生自我改善与修正、自我加强与统合的能力。

我们一直把学习当成百米短跑竞赛，但是比起一味求快，调整方向更重要。我们的未来取决于改变学习方法，单方面讲

课或听课、独自与书本奋斗，只会培养出没办法和别人沟通的人。时代已经改变，以前背得那么辛苦的知识，现在用智能手机就可以查到答案。

现在哈柏露塔已经成为改变家庭、学校、社会的核心关键词，如果冀望教育能够稍微改变，就要彻底做到"从现在开始、从我开始、从能力所及之事开始"。我们期待让哈柏露塔深入学校、进而改革教育，因此需要许多人的合作与支持。将教育改变成沟通、发问与讨论的方式，能够改变民族文化，使孩子拥有广阔、高远的发展前景。

如何让学习更有成效？

只有让学生直接表达、动脑思考、参与讨论、亲身体验，学习内容才能成为学生自己的能力。

第1章
单向教育只会让人不断遗忘

我们见过无数次红绿灯，应该能够记住灯号顺序，但真的记得吗？很多时候不管我们多努力回想，就是想不起来。但是只要知道原理，不需背诵，十年后也可以回答出正确的顺序。

▌了解原理，想忘都忘不了

请试着写下红绿灯的灯号顺序。

每次过路口的斑马线时，我们都会看到红绿灯。特别是驾

驶员，更必须经常注意红绿灯。红绿灯因灯号差异有不同的种类，有两个灯号、三个灯号及四个灯号等不同的类型。

对于四个灯号的红绿灯，你能够回想起它的灯号顺序是如何排列的吗？请尝试由左至右写出对应灯号。

我们见过无数次红绿灯，应该能够记住灯号顺序，但真的记得吗？很多时候不管我们多努力回想，就是想不起来。

为什么看过无数次红绿灯，却想不起来灯号顺序呢？

人们在日常生活中看到红绿灯时，通常不会质疑它的排列顺序。犹太人却会从生活周遭寻找学习素材，他们让大家观察红绿灯，然后进行讨论，找出灯号的排列原理，再发表各种看法。

交通首重安全，"安全"的反义词是"危险"。红绿灯的作用是针对"危险"提出警告，所以是依"从危险到安全"的顺序排列。只要知道这个原理，就不需要特别记住红绿灯顺序。因此两个灯号的红绿灯排列顺序为红灯（危险）到绿灯（安全）；三个灯号的红绿灯则在中间加上警告灯黄灯。至于四个灯号呢，同样很简单，分别是危险的红灯、警告的黄灯及两个安全的绿灯。两个绿灯中，圆形绿灯较箭头绿灯安全，于是在圆形绿灯前放置左转或右转指示灯（箭头绿灯），因此排列顺序为红灯→黄灯→左转或右转指示灯→绿灯。

即使我们硬背红绿灯顺序，一个月后也很容易忘得一干二净，但是只要知道原理，不需背诵，十年后也可以回答出正确的顺序。

② 亲身体验过的印象最深刻

请写下就读小学时，令你印象深刻的三件事。

○ 1
○ 2
○ 3

仔细观察你写的三件事，思考，哪些事令你难以忘怀呢？

我们写的大部分都是小学时亲自做过或经历过的事，例如校外教学、毕业旅行、运动会，或是犯错受罚清扫厕所等，全都是亲身体验过的事。

你不妨确认一下，在自己所写的三件事中，是否有老师讲课的内容？在小学六年的时光里，我们上过许多老师的课，也持续聆听、学习及背诵各种不同的教材，但是把这些内容记在

脑海并写下来的人却寥寥可数。如果真的有人写到这些事，大多也是背诵九九表、画图或音乐演奏等亲自参与过的事情。

为什么我们记不清楚老师的上课内容，却会对自己经历过的事情留下深刻印象呢？

教育是生活的一部分，愈与生活有关，就愈有意义。若所学的事物在生活里毫无用途且几乎不会留存在记忆里，我们又为什么要在学校里学习呢？

只有亲身体验，才会留下深刻的印象，这给予我们重要的启发。只有让孩子直接表达、亲自接触、亲身体验的东西，才会留下长久记忆。因此，教育应该让学生亲自动手去做、去学习。

只有让学生直接表达、动脑思考、参与讨论、亲身体验，那些学习内容才能成为学生自己的东西。

3 学习不该是为了考试

如果用一句话形容现在的教育，无疑是反复进行"听课、背诵、考试以及遗忘"的过程。无论哪个阶段的教育，总是摆脱不了聆听式教育。

从小学到高中，超过十年的时间，学生坐在教室里听老师上课，放学后在补习班认真听老师讲解，勤做笔记；到了大学，继续坐着听教授讲课；就连在研讨会，也是一直聆听其他人说话。不管在教室、课堂或研讨会中，几乎很少有人提问。如果有人发问，就会被当成浪费上课时间、给老师添乱的学生。

不管是准备司法、行政、求职考试，或者是大学入学考试、期中考试、期末考试，都是听老师或教授讲解上课内容，在接近考试日期时努力背诵，考完后又遗忘全部内容。我们为什么要学习那些会遗忘的东西呢？

测验的最终目的其实是审视目前的状况，并找到改善方法。学习历史的目的，不是为了背诵历史知识或获得好成绩，而是审视目前的情况，为未来发展寻找一个最佳的方案。但是考试测验的知识大部分属于记忆型。稍有水平的测验方式也只是以那些记忆型的知识为基础，延展出类推或综合性考题。智能手机的发明使得背诵这些记忆型知识失去了意义。即使认真背诵，那些知识也会如赫尔曼·艾宾浩斯（Hermann Ebbinghaus）的"遗忘曲线"显示的那样，被人渐渐遗忘。

因此，几乎没有人会认为学习是为了考试而存在，但就现状而言，许多人读书只是为了得高分或通过考试。学校成为准

备考试的地方，老师成为出考题的人。如果说学校是应付考试的单位，老师是让学生考试拿高分的人，你会同意吗？但现实明显就是如此。学生为考试而学习的现象愈来愈严重，于是有许多学生在大学入学考试结束后，因为觉得非常厌烦，再也不想看见书本，便将课本全都烧毁。

如今的行政与司法考试，不能只遴选会背书的人。虽然应试者应该对法律具备一定程度的了解，但是也没必要将法律书籍全都背下来。大多数资料只要借助计算机或智能手机就可以查到。在选用人才时，应该以系统化方式评估一个人能否做出正确判断、能否不被金钱与权力诱惑客观地执行法律、能否与人沟通和发挥领导才能等。所有的学习都应该把焦点放在培养这些能力上。

4 聆听式教育无法培养沟通、协调能力

学校老师最常讲的话是什么呢？学生每天上学最常听到的话又是什么？分别是："安静一点""不要吵""吵死了"。有时在这三句话之前，还会再加个："嘘！"除此之外，"专心点""打起精神""知道吗？""了解吗？"等，也都是老师

经常对学生说的话。学校老师说的话，全都在强调"安静一点，好好听我说话"。

说话前必须先经过思考，孩子在说话时也能持续思考，但当老师要求他们安静时，孩子的思考就会停止。若上课时完全由老师讲解，学生只要安静听课，时间一长，注意力就会无法集中，或者变成没在听课，只假装在专心听讲。

即便孩子上课专心听讲，知识也无法长存脑中。依据赫尔曼·艾宾浩斯的"遗忘曲线"，人的大脑无法长久记忆。借由聆听得到的知识不易在大脑中生根，但若由自己讲述知识，就必须先理解及整理后才能说出口，因此说话能帮助大脑整理思绪。比起只是去听，自己讲述的知识更容易在脑中长久不忘。

从前，背诵是有意义的，因为在与别人谈话时，无法逐一翻找书本，储存在脑中的知识就显得重要。但现在，只要手上有一部智能手机，便能解决所有记忆问题，若是遇到不知道或记忆模糊的事，可以立即用手机上网搜寻。因此，记忆能力已经不再重要，最重要的是判断、观察、创造等较高级的思维能力。同时，沟通与协调能力也变得愈趋重要。创意与沟通、协调等能力只能通过对话与讨论的教育方式培养，学生盯着讲台上的老师安静听课的传统教育方式无法培养这些能力。

5　双向文化重视对话与沟通

犹太文化最大的特色是双向文化。这样的文化深入到犹太人的教育与家庭中，与单向文化造成的影响差异极大。

单向文化形成的是指示、要求、传达与说明的文化，由上位者主导一切思考、判断与决定，下位者只能听命与服从；双向文化是沟通、妥协、协商、讨论与对话的文化，因为知道个人的不足，于是借由对话与沟通寻找最佳方案。

韩国文化历经君主专制、日本殖民时期与军事高压统治等，在众多复杂的因素下形成单向文化。政府机关或统治者下达指示，百姓听从命令；长官下达指示，部属听从命令……单向文化下，服从是最大原则。大人最常对孩子说的话是"乖乖听话"。父母早晨送孩子上学时不忘叮咛："今天在学校要好好听老师的话。"出席有长辈在的场合更经常被嘱咐："今天一定要好好听话。"大人最常给孩子的赞美是"很乖、很文静"。不管在任何环境与场所，孩子总是被要求安静与服从，而温顺善良是最棒的美德。

反之，犹太人在孩子表现得安静或顺从时，首先会想到孩子是不是生病了。因为犹太人在生活里随时都在与人互动，想维持良好的人际关系需要与人交流，如果不说话，将成为非常大的问题。犹太孩子如果表现出乖巧或沉默，反而会引起父母的担心。

单向文化强调乖巧、重视安静的结果，造成一种消极被动的文化。下属只做长官交代的事，多做没被交代的事反而会遭受责备，费力不讨好。

单向文化认为沉默是金、言多必失，所谓"枪打出头鸟，刀砍地头蛇"，强出头有时会成为杀鸡儆猴的对象。

在单向文化中，如果要达到正当、合理的状态，在上位者必须做出完美的判断或决定，但没有人完美，每个人都有缺点，因此才需要互相依存。无论再好的决断，都有一方会因此遭受损害，所以才需要不断对话、沟通与协调，聆听各种不同的信息，相互沟通，参考下属的意见。

韩国历史公认最伟大的君王非世宗大王莫属。世宗大王为什么会成为圣君呢？圣君的"聖"字是由较大的"耳"字、较小的"口"字及"王"字所组成，意思是多听他人建言，少开口说话的王。少说话、多倾听是圣者的行为，若君王能够如此，便是一位圣君。

世宗大王因为能接纳谏言而成为圣君，是一位熟悉沟通之术的达人与讨论高手人，他常说的话是："爱卿有何想法？"这句话和犹太人最常说的话："你的想法如何？"如出一辙，

是询问对方的想法和意见。在美国大学中，教授最常对学生询问的话语也是："你有什么想法？你的意见是什么？"

世宗大王能成为伟大的君王，就是因为他是双向沟通的大师。世宗大王甚至会和奴隶出身的贱民沟通、对话与讨论。身为一国之君，与地位低下的奴隶谈话，理由是什么呢？世宗大王通过这种交流，改变了一位奴隶的命运，使他成为最厉害的科学家，这个人就是蒋英实。

蒋英实是妓女所生、在官府里当奴隶的贱民，曾两次被世宗大王派遣至中国留学，回国后担任官职，最高升至"大护军"（从三品）。蒋英实发明了自鸣漏壶（古代定时器）、测雨器等。他的成就被记载于伊东俊太郎与山田庆儿等人编纂的《科学技术史词典》中。

若依据书中的年表，在世界科学技术史上，在 1400 年至 1450 年间，东亚地区的科学成就十分辉煌，而 15 世纪世宗大王统治下的科学技术方面 的发展尤为突出。

世宗大王不仅发掘了蒋英实的才华，也提拔了金礼蒙和朴堧。身为巫师的儿子，金礼蒙虽然通过了艰难的科举考试，却碍于出身，仕途坎坷，离飞黄腾达之路原本很遥远，但世宗大王看重他的信息整理能力，命其与同人一起编纂医书《医方类聚》，并据历史典籍《资治通鉴》编纂《资治通鉴训义》。朴埌虽然只是一个不起眼的小官，但世宗大王发现他具有音乐才能，让他专注于发展音乐技能，最终成为雅乐的恢复与重建做出巨大贡献的"乐圣朴埌"。

在双向文化中，人们将对方视为对话的对象，并尊重其人格。世宗大王与蒋英实或金礼蒙对谈，便是尊重其奴隶或巫师出身的身份。若双向文化盛行，便能创造如世宗大王时代的辉煌。

6 摆脱单向教育，从改变学习方法开始

许多人认为学习方法与一般社会文化没有关系，总是忽略学校文化和社会文化相互连接的事实。我们有将近二十年岁月接受学校教育熏陶，从托儿所、幼儿园、小学、初中、高中到大学等，这二十年中学到的文化会延续到成年甚至到进入社会，因此两者并非毫无关联。

很多人不善沟通，只懂得下达命令，希望他人服从，不轻易妥协，这样的结果不是由于别的原因，就是因为在求学过程中已经养成了习惯。学生到大学毕业前，除了睡眠时间外，大多数时间都在学校度过。而学生在学校里的活动就是学习，因

此我们必须明白学习方法与社会整体的文化密切相关。

　　韩国现在的教育方式是单向学习：老师是教导的人，学生是学习的人；老师是讲解的人，学生是聆听的人；老师是下达指示的人，学生是必须服从的人。学习的内容也由国家决定后被编成教科书，无法反映学生的意志，上课时间几乎是单向式的"一言堂"。

　　这种由老师讲解与说明的单向教育方法会使学生在日后成为指示他人或接受指示的人，也就是成为打造单向文化的主要人物。人在那样的环境下学习，进入职场后会听到的话大致如下：

　　"你只会做交代的事情。"

　　"你连交代的事情都做不好。"

　　"你都不会自己想办法。"

　　因此，我们知道，单向的学习方法与教育方式形成单向文化；接受单向聆听式教育的学生，会成为消极、被动、下达指示或等待指示的人。他们很难与其他人沟通，也很难与其他人在合作中讨论、对话和协商。独自学习的学生较倾向于独自工作。学习方法决定社会的文化，改变学习方法是最重要、最核心的对策。

第2章
未来人才应该具备的能力

如何在学校里培养沟通、合作、批判性思考、创造与创新等 4C 能力呢？最好的方法是让学生彼此提问、对话、讨论和辩论。学生寻找伙伴，两人一组互相提问、对话、讨论和辩论的学习方式，就是"哈柏露塔"。

┃ 4C 是未来的关键竞争力

美国管理协会（American Management Association，AMA）以两千多名国际优秀企业管理者与高阶主管为对象，进行了一项问卷调查，题目是"21 世纪最需要的关键能力是什么？"

想要在竞争愈趋激烈的世界经济中生存，让公司茁壮发展，未来的专业人才需要何种技术与竞争力？依据问卷结果，最基本并且必须精通的技能是被视为基础教育核心目标的3R，也就是阅读（reading）、写作（writing）与算数（arithmetic）。

除了这些基本技能外，更需要具备批判性思考与问题解决（critical thinking and problem solving）、沟通（communication）、团队合作（collaboration）、创造与创新（creativity and innovation）等所谓4C能力。也就是说，需要具备批判性思考与解决问题，并与他人沟通或合作，应用新知识和创新等能力，而非只会被动地背诵知识。因此，21世纪人才养成的教育方向不是单向地传递知识，而是必须转换模式，采取能够培养思考、创造和团队合作等能力的教育方式。

许多高阶管理者指出,应届毕业生或职场新人缺乏4C能力，他们给予其忠告："在全球化的劳动就业市场中，要具备高度竞争力，就必须培养4C能力。"根据AMA问卷调查的结果，很多公司内部无论职位高低，皆被硬性要求必须具备4C能力。不仅如此，每年公司对于员工工作能力的考核，也将4C能力纳入评鉴项目，作为调薪或升职的依据。

在21世纪具有重要价值的4C能力中，管理层最重视哪一种能力？

调查结果显示，沟通能力最重要（占 80.4%），然后是批判性思考能力（占 72.4）、团队合作（占 71,2%）、创造与创新（占 57.3%）。在甄选新员工时，也同样使用这样的评估标准。换句话说，21 世纪最需要的是与他人沟通的能力。倘若不能有效沟通、欠缺团队合作意愿、缺乏批判性思考与问题解决能力，就难以在 21 世纪生存。

在学校获得优秀成绩，并不足以达到世界级人才所需的水平。获取知识的能力固然重要，但活用知识、提出有创意的解决方案的能力更受到青睐，而兼具 3R 和 4C 能力的人，是 21 世纪所需的人才。

近年来，社会愈来愈重视 4C 能力，因为世界的发展变化一日千里,跟往日相比变得十分复杂,再加上专业领域更多样化，技术更精深，工作不再只是着重于个人能力，而是强调团队的力量。此外，现代的产业分工更细、更深入，公司组织为了提升效率，需要聚集各领域专家一起工作，这使得 4C 能力变得十分重要。

在学生时期就应该开始培养 4C 能力，因为这个时期容易接受新事物，行为模式及生活习惯也尚未完全定型。为了培育新时代需要的新型人才，目前各国将教学重点放在提升学生的

4C 能力上，并投入许多资源改善教育课程与教育活动形式。在信息传播快速的数字化时代，任何人都能轻易获取各种知识，培养富于创意及善于利用信息技术，并能带领产业发展的人才是当今教育的迫在眉睫的任务。

② 要改变学生，老师先得改变

经济合作与发展组织（OECD）最近在网站上进行了一项调查："现今教育最应改善的五项措施是什么？"在数万人的回答中，下列五项获得最多的共鸣。

（1）应舍弃学习片面的知识，培养思考能力。

（2）应很好地尽到管理责任，使教育的公共化不被破坏。

（3）教育的重点应从提高标准测验成绩，转变为倡导愉悦的终身学习，并培养批判思考的能力。

（4）发现并培养所有孩子的潜能，帮助其自我实现。

（5）在社会地位和经济条件处于弱势的家庭的儿童与新移民子女接受同等的教育。

如今，世界各地许多人都在要求学校改变只让学生学习片面知识的教育方式，要着重于培养学生的思辨能力。他们高声呼吁：教育不是为了成绩或分数，而是要快乐地学习，并提高批判性思考的能力。

最近美国教育网站www.eschoolnews.com进行了一项问卷调查，题目是"学生对于教育的五项希望"，结果如下：

（1）教授贴近生活并且有用的知识。

（2）课程由学生选择，并以学生为主体。

（3）以有趣、吸引人的课程取代无聊的课程。

（4）教师不再是传达信息的角色，而是学生生活的导师。

（5）运用各种多媒体工具，进行双向互动的教学，让课程既丰富又有深度。

目前全球大多数学生都强烈要求进行教育改革。现今韩国教育最大的问题就是让学生成为"最讨厌思考的人"。准备考试的学习是寻找正确答案的训练，一旦找到正确答案，思考就变成多余的事情。在高中采取讨论式授课的老师曾被学生抗议："请老师赶快说答案，不要增添我们的负担。"

如何在学校里培养沟通、合作、批判性思考、创造与创新等 4C 能力呢？最好的方法是让学生彼此提问、对话、讨论和辩论。学生一起对话和讨论能提高沟通能力，同时培养团队合作精神。除此之外，讨论是提升批判性思考能力的最佳方法。在讨论中，可以彼此交流不同的思想与新颖的见解，自然地激发出许多创意与创见。学生寻找伙伴，两人一组互相提问、对话、讨论和辩论的学习方式，就是"哈柏露塔"。

将填鸭式教学转变为讨论式教学，学生就能互相吸收对方的知识、提升创意思考能力，这对从小在补习班、学校或读书室里，一直坐在书桌前猛读大量课本和参考书的学生来说，是很难适应的学习方式。特别是当他们进入包括哈佛大学在内的常春藤盟校就读时，学业上很容易出现适应不良的情形，因为常春藤盟校重视讨论，会借由各式各样的经验和活动，培养学生的创意思考能力。

老师是在学生互相提出问题、对话、讨论和辩论的课程中，帮助他们对话和讨论的人，因此，老师应该扮演推动和协调的角色。在学校课程中，老师和学生的关系是最重要的核心。要使学生改变，老师先要改变，老师改变了，学生自然也会跟着改变。要和孩子眼神交会，才能看见他们的需求。

3 如果学习能够愉悦又吵闹……

想让学生喜欢上学，就要将学校打造成让学生能结交朋友、和朋友一起玩乐的社交场所，让学习与玩乐结合起来，才能事半功倍。

一到休息时间，教室就会变得闹哄哄的，大家开心地闲聊着有趣的话题。对学生而言，最有趣的学习方式是一面聊天一面学习。有趣的事情才会让人想主动并且持续去做。学习是一辈子的事，如果想要持续学习，必须将学习变得有趣、令人愉快。人最喜欢做的事情之一就是聊天。如果能一面聊天一面学习，将是最棒的学习方式。

最近有一项以企业人力资源主管为对象的问卷调查显示，78.9%的受访者喜欢擅长游乐的人才。他们认为，懂得游乐的人拥有良好的人际关系，对工作保持积极的态度，能想出各式各样的点子，并具有领导能力。现代社会要求的团队合作精神、创造性地解决问题的能力及领导能力等，都能借玩游戏来提升。

美国有一家名为"发明岛"（Inventionland）的发明设计公司，每天下午一到3点，公司里就会响起铃声，所有员工放下手边的工作，开始玩起射击游戏。员工以抽签方式选定一

个人，作为大家的攻击目标。在一番激烈的枪战后，再重新抽签。游戏约进行10分钟，之后大家各自回到岗位，仿佛什么事情都没有发生过。经过短暂的游戏或闲聊，员工便会带着愉悦的心情，更专注于工作，更易于提高效率及生产力。此外，在游戏中即使输了也不会让人有挫折感，大部分人会爽快地承认失败，再次挑战，因为游戏是自己喜爱的，也是自己选择的。在游戏里无关对错，面对成功或失败都可以坦然接受，这种正面的经验可以消除挑战新鲜事物带来的恐惧，并激发出某些新奇、独特的点子。游戏的过程既是培养创意的过程，也是一种训练。

在美国，谷歌、华特迪士尼、皮克斯动画工作室，以及脸书等全球知名企业的办公室，都以让人联想到"游乐场"而闻名世界。他们打造了欢乐、舒适的工作环境，上班的员工在工作之余可以坐在松软的沙发上，悠闲地玩游戏或看杂志，也可以使用运动器材，挥汗如雨地运动。这种让人分不清楚是游乐场或工作场所、充满自由气息的工作环境，能激发员工的创意，让员工在悠闲自在的氛围中，更加投入自己感兴趣的领域，进而提高工作效率。此外，工作与休闲结合起来，员工能在轻松的心情下自然而然地想出许多点子。这样的工作环境就如同孩子能"真正玩乐"的游乐场一样，带来的结果是让公司成为一流的国际企业和全世界上班族梦想进入的公司。这些大企业选择将工作环境打造得像游乐场，是因为21世纪最看重的是创意。他们不想制造一般公司能想到与制作的普通产品，而是要创造出奇特、富有创意的独家产品。

4 思考与想象是激发创造力的必要条件

培养创造力是促使孩子心灵成长最实用的方法。所谓创造，是借由自己产生的想法展开实际行动，打造出全新事物，而非抄袭他人的作品。创造的基础在于结合各种想法的能力。

当我们的大脑试着组合各种想法时，构成智商的许多因素会互相结合。注意力、空间智商、数理智商、语言能力等各个领域频繁交流，形成一个统合的概念、原理或法则，在这个过程中，会用到大脑的许多部位。

发挥创造力是让大脑各个部位活跃运行，并集中于特定主题和目标的过程。活动中的部位各自形成一个多样化的神经网络，当活动越频繁时，神经网络的范围就越大，连接也会变得越有效率。

发挥创造力所需的条件如下：

（1）需要思考的主题。思考的主题里含有目标和意义。

（2）需要动机。必须通过实际行动去获得成就，才能激发动机。

（3）必须要有趣。在创作过程中能享受绞尽脑汁带来的乐趣，而非心不甘情不愿地勉强自己。

孩子重复地做同样的数学题，会感到无聊、疲倦并且十分厌烦，然而，如果能让孩子了解数学原理，并在理解过程中体会到乐趣，他们就会想知道更多的数学原理。创造的经验会让孩子享受到成长过程中所需的动力，也就是获得自我成就感，从而提高自尊心。

巨大的创造力来自想象力。如今我们觉得很平常的飞机、汽车、手机与机器人等，过去只能存在于想象中，有了想象后才能创造出现实。

我们的大脑分不清楚现实与想象的差异，大脑神经网络会连接现实与想象，并发生结构性变化。大脑结构发生变化是指突触（synapse）效率增加，或神经网络的突触数目增多。如果再进一步说明，大脑结构的短期变化是指突触信息传达的效率得到提高，但突触或神经元的数目没有增多；而长期变化则是指实际神经元和突触的数目增加。因此，想象力能改变大脑结构，提升学习效果。我们应该抛弃"想象是虚幻的"的偏见，将想象力与创造力结合起来。

孩子学习新语言、运动技术及创造艺术的能力比大人更强，这是众所周知的事实。比起这些能力，更明显的是想象力的差异。孩子的想象力无限，懂得想象的孩子很幸福，不会将自己局限在象牙塔里，他们不知极限为何物，不会满足于大人所说的现实。相对于孩子，大人的想象力则较为贫乏。孩子借由无穷的想象，可以发明许多有趣的游戏，计划未来，克服现实的困难。因此，必须将孩子的想象力视为认知能力中重要的一部分。

要启动孩子的想象力，就要让他们感受身边的环境，例如用眼睛看到形状和颜色、用耳朵听到万籁声响、用鼻子闻到百味气息、用身体感触到物体的质地与冷热。总之，要让孩子打开各种感官接受信息。可以试着让孩子先以腹式呼吸消除紧张，让身体舒缓放松，然后轻轻闭上双眼，开始在大脑里旅行，准备好进入想象的世界。学习有困难的孩子，要让他们忘掉关于功课与读书的负面思想，诱导他们想象自己成为泡沫，将负面思想的灰尘与污垢清除干净。接着让他们想象自己的学习能力大幅提升，作业如期完成，成绩变得非常优秀的美好画面。通过想象训练，可以提高孩子的学习能力，增强学习的动力。

哈柏露塔学习法

想象也可以消除悲伤、愤怒和抑郁，如闭上眼睛借由想象来省视自己的内心，让自己的感情具体化，正确地认知感情，思考如何整理情绪。这种情绪表现的练习，不仅有益于孩子处理情绪的能力和语言能力的发展，也有助于培养自信心。

近来，许多精神科医师试图通过想象力这种内在资源，治疗孩子的各种精神问题。比起大人，孩子更有能力通过想象来获得疗愈。

孩子有源源不绝的想象力，他们活用大脑的所有部位去想象。在孩子的想象世界里，不仅运用了身体的五感，同时也蕴含过去的记忆、现在的经验及未来的希望，因此，想象力是大脑整体的活动。

犹太人学习不是为了考试，对他们而言，学习是神的命令，是直到合眼离世前一辈子都必须做的事。学习是生活的一部分，犹太人从很早以前就认为学习是为了开发智商，成为有创意的人，并借由学习来拓宽观看世界的角度，培养思考的能力。

第3章
刺激五感，促进大脑发育

> 然而在哈佛大学就读的学生中，有30%为犹太人，而中国、日本与韩国的学生加起来却不到5%。另外，好不容易挤进常春藤盟校的韩国学生，中途退学率竟高达44%，反观犹太学生的退学率只有12%。

Ⅰ 犹太教育与传统教育的比较

韩国与以色列在许多方面极为相似：地理位置都处于列强之间，国家与人民经历了无数苦难、迫害与侵略；注重子女教育；在短时间内缔造了经济奇迹；在国防与教育上投入大量资源；建国的时间，也都是在 1948 年。

耶路撒冷哭墙　　图片提供：汇图网

　　犹太人和韩国人虽然有许多相似点，却也非常不同。韩国是全世界平均智商颇高的国家之一。在所有国家中，学生读书时间最长的也是韩国。以高三学生为例，一天中有将近 20 小时在读书，就连高一、高二学生一天平均的读书时间也都在 15 小时左右，初中学生的读书时间大约为 10 小时。

　　根据经济合作与发展组织的调查结果，以 15 岁学生的平均读书时间来说，韩国学生约为 8 小时 55 分，而芬兰学生约为 4 小时 22 分；韩国学生的读书时间是芬兰学生的两倍以上。尽管如此，在国际学生评估项目（the Programme for

International Student Assessment，PISA）的成绩排名中，芬兰却领先于韩国。在 2009 年数学成绩排名中，芬兰排第 1 名，韩国排第 2 名。全世界学生课后补习时间最长的国家也是韩国，韩国学生一天平均花 3 小时补习，芬兰则是花最少时间补习的国家。韩国学生读书时间长，为何成绩却落后于其他国家呢？

全球劳动时间最长的国家也是韩国，就辛勤工作的层面来看，没有一个国家赢得了韩国，不只是读书时间最多，劳动时间也最长。

全世界对教育最狂热的是哪个国家？犹太人对教育的狂热举世皆知，中国父母的教育狂热也不容小觑。犹太母亲对子女的教育尽心竭力，因而有"犹太妈妈"（Jewish Mom）之称，而有的中国母亲实施严格的教育方式，也被称为"虎妈"（Tiger Mom）。

韩国父母为了子女教育可以牺牲一切，最具代表性的就是"野雁爸爸"现象：母亲陪孩子到国外读书，爸爸留在韩国工作挣钱养家。如此一来，不仅父母，子女也身陷压力中，以致无法专注于学习。家人长时间分隔两地，也造成夫妻感情淡薄，亲子关系疏离。

如果学生一大早出门，在学校或补习班待到晚上，就没时间在家里与父母聊天，也没有时间与家人建立亲密的关系。野

雁爸爸、早期移民、早期留学，以及父母为了送子女到补习班上课而兼好几份工作等现象，全都是将学习建立在牺牲家庭之上。即使子女后来真的进入常春藤盟校就读，毕业后在社会上也有一番成就，但此时家人关系已经破裂，家庭面临破碎，这又有什么意义呢？

犹太人中不会出现所谓的"野雁爸爸"现象，因为他们非常重视与家人相处。原先在韩国担任中医师，后来前往以色列就读希伯来大学医学系的传教士柳摩西，在耶路撒冷市中心接受访问时，以在以色列生活逾十年的经验比较两国教育，他认为："犹太人是教育热，韩国人则是教育狂。"

美国前总统奥巴马曾好几次称赞韩国的教育，但他称赞的并非教育体系、教育政策或教育方法，而是父母对于教育的狂热，那种为子女教育不惜付出一切的疯狂。他还称赞两件事：教师的高水平和以IT为基础的教育设施。

韩国教师水平确实颇高。韩国最难考的大学中，不乏以培育小学师资为主的教育大学。师范学院虽然比教育大学容易考取，但要通过教师任用资格的窄门也不容易。韩国最优秀的学生进入教育大学，毕业后通过教师任用考试而成为老师。以中等教师任用考试来说，考生必须要有教师资格证，录取率也仅为1%。

韩国教育体系遴选最好的人才成人教师，如果给予这些优秀的老师适当的教学动机，会使得他更加愉悦地投入教学工作中。不要让老师成为只是赶教学进度，或管理学生晚自习的监督者，而是要使他们成为感受生命意义的教师，如此一来，他们将会不负教师使命，竭尽心力地教育学生。若教育能让教师培养学生的思考能力与创造力，而非只是灌输知识，教师将会更有热情与斗志地教导学生。

　　韩国人口是犹太人的好几倍，然而在哈佛大学就读的学生中，有 30% 为犹太人，而中国、日本与韩国的学生加起来却不

耶路撒冷犹太古街　**图片提供：汇图网**

到 5%。就读哈佛大学的韩国学生约有 250~300 人，不到全校学生人数的 1%。另外，好不容易挤进常春藤盟校的韩国学生，中途退学率竟高达 44%，反观犹太学生的退学率只有 12%。在美国商业杂志《财星》评选的 500 大企业中，担任中阶主管的有 41.5% 为犹太人，韩国人仅占 0.3%。

我们不妨试着说说看，哪些韩国的心理学家、经济学家、社会学家、哲学家、物理学家、化学家或数学家具有世界知名度呢？这个问题似乎无法轻易地回答。这是国民平均智商颇高、对教育很狂热、教师优秀程度颇高的韩国所展现出的教育成果。

韩国教育当然有许多优点，它让学生具有迅速找到正确答案与解决方法的卓越能力。重要的是，要切实运用这种能力，学习犹太教育的优点，补上缺失的部分，才能使韩国教育变得更有效率。

我在研究犹太教育时，比较了韩国传统教育与犹太教育的差异，并整理如下表。（见表 3-1）

表 3-1 韩国传统教育与犹太教育的比较

传统教育	犹太教育
聆听式教育	提问式教育
背诵式教育	思考式教育
量的教育	质的教育
以找出唯一正解为中心	以多样化解答为中心

（续表）

传统教育	犹太教育
简答型、片面的知识	问题解决能力、思考能力
以成功为优先	以家庭为优先
以出人头地为目标	幸福的成功
对情感较疏忽	稳定的情感
较忽略自我认同与价值观	明确的自我认同
个人的成功、自我实现	让世界变得更美好
成绩	实力
知识	智慧
考试合格	生活实践
背诵	理解与应用
先行学习	适期教育
早期学习	早期教育
重视认知文字、数字，脱离生活	重视情感与关系，贴近生活
演绎性、以教训为中心	具体性、归纳性
教科书里的知识	实际生活的知识
讲课与传达知识	讨论与争论
个人履历	内在实力
外在动机	内在动机
他律	自律
劝说、指示	激励、刺激
带领孩子的教育	推动孩子的教育
独自坐在书桌前读书	与朋友一边讨论一边学习
安静的图书馆	嘈杂的图书馆

2 智商高却拿不到诺贝尔奖的原因在于思考能力

英国阿尔斯特大学心理学教授理查德·林恩与芬兰赫尔辛

基大学的塔图·万哈宁（Tatu Vanhanen）教授领导的研究团队，就国民平均智商与国民所得间的关联性进行调查，结果显示国民智商与国民生产总值（GDP）具有明显关系。包括韩国在内，中国、日本、新加坡等环太平洋国家的国民平均智商都相当高，在105左右，这也是促使这个地区经济繁荣的重要原因。研究报告指出，经济增长速度较缓慢的几个欧洲国家、美国、加拿大、澳大利亚、新西兰等国的国民平均智商为100左右。经济较落后的南亚、北非及多数拉丁美洲国家的国民平均智商为85，撒哈拉沙漠以南非洲国家及加勒比海地区的国家国民平均智商为70。

我们都知道犹太人很聪明，但2002年芬兰赫尔辛基大学进行的国民平均智商调查结果显示并非如此。以色列的国民平均智商为94，排名世界第45名，输给东亚主要国家及欧洲、美国等。这项调查得出的结论是，犹太人会成为诺贝尔奖大赢家，并在全世界崭露头角，并非由于先天因素。换句话说，犹太人聪明的头脑并非天生的，而是靠后天的教育。

分享犹太人成功法则的《规则》（*The Rule*）的作者安德鲁·苏特也指出，犹太人卓越的思考能力无法只用遗传来说明。仔细观察犹太教育，我们可以知道犹太人是通过教育培养孩子，让孩子的头脑变得更精明。

犹太人鼓励孩子思考，教育体系即以此为宗旨，从幼儿教育开始训练。让孩子动脑并不是命令孩子多看书、解大量的数学题，而是为了仔细观察孩子对什么有兴趣、对什么事会感到开心、是否具有创意、是否拥有潜力。为了开发孩子的潜能，犹太父母会不断与孩子对话。如果可能，犹太人会让孩子直接体验许多事情并进行思考，建构开放的思考结构；另外，如果情况允许，他们会针对所有主题进行对话与讨论。

3 动手也能刺激大脑运作——潘尔德的"幻想小人"理论

观察国民平均智商较高的国家和地区，包括从第 1 名至第 5 名的中国香港、韩国、日本、朝鲜及中国台湾，全都集中在亚洲东部和北部。为什么这里的人比较聪明呢？这个答案可以从怀尔德·潘菲尔德（Wilder Penfield）的"幻想小人"（Homunculus）理论中找到。

"幻想小人"一词源于拉丁文，本义为"小矮人"，到了中世纪又有"精灵"的意思。20世纪40年代至50年代，加拿大杰出的神经外科医生潘菲尔德研究人脑，发现"幻想小人"的科学理论基础：人类的大脑和身体各个部位都具有关联性，身

体各部位相关的大脑皮质所占的比例，与身体各部位的敏感度
成正比。

研究这种相关性而描绘出的人体图，就是"幻想小人"。

大脑皮质没有痛觉感受器，因此潘菲尔德能够通过局部麻
醉进行手术，剖开人的大脑，进行观察。大脑皮质里分布了
许多神经细胞，主要包括感觉皮质区与运动皮质区，以及连
接这两个领域的联合区域。"幻想小人"是依据身体各部位
在大脑感觉皮质与运动皮质中所占的比例画出的人体图。

研究结果显示，运动皮质中，与手指、嘴巴、嘴唇、舌头
与眼睛等关联的皮质区域最大；感觉皮质中，与手、舌头与脚
关联的皮质区域最大。参考大脑皮质的比例，具体建构出的人
体的模样，就是潘菲尔德的"幻想小人"。因为是依据负责身
体各部位的大脑皮质区域大小画出的模型，它与实际人类的样
貌差距甚远。"幻想小人"的手、嘴巴与脚等部位最大，由此
可知，手比其他器官分布了更多的传达运动及感觉信息的神经
组织，经常动手，大脑会因为受到刺激而得到开发。

手由 14 块指骨、5 块掌骨及 8 块腕骨等 27 块骨头组合而成，
双手加起来有 54 块骨头，约占人体 206 块骨头的 1/4。第二多
的是脚的骨头，一只脚的骨头有 26 块，双脚合起来共有 52 块，
占了人体骨头总数的约 25%。手与脚的重量最多才 3 千克，不

到人的平均体重的 5%，却拥有 50% 以上的人体骨头数量。仅次于手和脚的部位是嘴巴，人的牙齿一般有 28 颗，加上智齿总共 32 颗，手、脚与嘴巴的骨头就占了骨头总数的约 2/3。

骨头较多的部位，也聚集了较多的神经，表示该部位的关节与肌肉较发达。人体接收从脑发出的神经信息最频繁的三个部位是手、脚与嘴巴周围。因为手有许多神经，所以可以采取针灸治疗；脚也有许多神经，所以疲倦时可以按摩脚部；脸上的表情大多是从嘴巴周围展开，为了品尝味道、张口说话，嘴巴附近聚集了许多神经。也就是说，动手、动脚、动嘴就等于在动脑，因此拍手、大笑、走路等都对身体有益。动手、动脚、动嘴不仅能促进头脑发展，也有助于保持身体健康，延年益寿，同时能预防阿尔茨海默病。

韩国脑学会会长、首尔大学医学院徐佑宪教授表示，控制手部活动能力的部位在大脑中占的面积最大，将近30%。也就是说，双手活动时，会使用30%的脑细胞。通过手的运动刺激神经细胞，在神经细胞间生出新的突触回路，使回路逐渐增加，可以提升大脑机能或维持既有功能。但必须注意的是，反复无意义的手部动作并没有对大脑产生任何帮助。即使是学习乐器等，也只有在初期能给大脑较多刺激，后期仍要有更多新的活动才能持续刺激大脑。

美国加州大学神经生理学者弗兰克·威尔森（Frank Wilson）研究手的使用如何创造人类的大脑、语言，甚至文化。他认为，双手机能发达能促进脑部功能发展，在此过程中，掌管语言的区域也逐渐得到开发。灵巧的双手是人类较其他动物头脑聪明的原因。海豚因为不像人一样有手与手指，虽然聪明，大脑却不如人类发达。人类的大脑发育完成后不会定型，会随着接收的信息继续产生变化。

依据威尔森的研究，人类的知识并非通过思考得来，而是通过手对外部世界的知觉和感觉获得的。用手去捡拾、刺戳、扭拧、抚摸、分类、推挤而获得的手的感觉，能在大脑中形成敏锐的神经网。因此让孩子多动手，能使双手机能发达，变得更灵巧，对于开发大脑也有很大的帮助。

一项研究结果显示，只要活动一根手指，脑中血液的流通量会增加30%。将掌管人体各部位功能的大脑如地图般展开，可以发现运动神经面积的30%与手的活动有关。

一个神经细胞会与其他一万个神经细胞相连，因此只要通过动手就能对智商、情绪等多项脑部活动产生影响。让孩子学会简单的手指运动，等长大一点后再开始学习撕纸、拿铅笔写字、涂色、打开奶粉罐盖子、折纸等，在日常生活中让孩子多使用双手，有益于脑部的发展。

若让孩子过舒适的生活，对于脑部发展并不会有良好的影响。研究结果显示：比起坐学步车或婴儿车，让孩子直接学走路更能促进头脑发育；不使用学步车的婴儿学会爬行、独自站立、独自行走的时间，比使用学步车的婴儿来得早。

多动手不仅对开发孩子的脑部功能有益，也是促进大人脑部发展的好方法。边用手画画，边联想所知的其他事物，较容易在大脑中留下记忆。比起孩子，大人更能熟练地运用自己的经验，所以在动手时，大人比孩子更能让大脑活跃地运转。在背诵英文单词时，比起单纯用眼睛看，边写边背效果更好。若能念出声音，更能帮助记忆。因为在大脑的运动中枢里，控制嘴巴活动的部位面积仅次于手。

4 用筷子能创造高智商

为什么东北亚国家的平均智商比较高？这与使用手有密切的关系。东北亚地区在文化上有一个共同点，就是使用筷子。使用筷子时，能运动包含手指关节在内的三十多个关节与六十多块肌肉。这样的运动会通过神经信息的传达来刺激大脑，促进脑细胞发育。孩子因为从小使用筷子，使大脑持续受到刺激，就会变得更聪明。因此包含韩国在内，日本、朝鲜等国家

与中国台湾、中国香港等地区的国民平均智商都很高。

　　EBS（韩国教育放送公社）制作的电视节目《教育是未来》中有一集《头脑战争的秘密：手》，针对专注力进行了一项有趣的实验：节目制作单位让小学低年级儿童分别使用木筷、铁筷和叉子，将盘中的四季豆移到另一个盘子，并观测脑电波的变化。实验结果显示,负责处理情绪与记忆的右颞叶产生了变化。比起使用叉子，使用铁筷能多活化30%以上的大脑；使用木筷，又比使用叉子能多活化20%以上的大脑。在另一个实验中，于考试前30分钟，让学生练习用筷子夹取大豆，发现成绩竟然大幅提升。由实验可知，使用筷子确实能刺激大脑，同时也能提高专注力。

　　在韩国忠清南道的某间小学有一项考试：在规定时间内，以筷子的正确拿法移动最多的豆子。为什么韩国人要教导孩子正确使用筷子的方式呢？因为，事实上，有80%的儿童与60%的大人用错误的方式使用筷子。

　　EBS制作的电视节目介绍说，韩国人因为擅长使用筷子，可以将一项预算为22亿韩元的生命工程研究，以10亿韩元完成。这是因为外国人必须依靠机器完成缜密作业，韩国却是用人手操作。

　　当我们在说明某件事情时，手会无意识地摆动，能够流畅表达的孩子如果在说话时不许动手，会使他说话的速度变慢或者变得结结巴巴，严重时甚至连话都说不出来。这是因为手在活动时除了能刺激大脑，也能增强记忆力，边动手边说话能使左右脑一起运作。

会弹钢琴的孩子与不会弹钢琴的孩子分成两组玩拼图时，会弹钢琴的小孩有一半以上能更快找到拼图，因为在弹钢琴时运用 10 个手指头的动作能广泛刺激大脑各个部位。京畿道某个小学教学生织毛衣、绣十字绣、折纸与写字等，也是为了促进孩子的脑部发育。除此之外，做针线活儿能提高专注力。这些看似不起眼的活动，却能提高孩子的专注力和记忆力，另一方面，也会使孩子更细心、个性变得成熟与冷静。

要使用筷子就必须运动手指的关节和肌肉，但孩子在一定年龄前，手与脑的神经细胞连接尚未完善，无法完全控制手掌与手指的运动，造成孩子在握取物品时有障碍。一般而言，婴儿出生 18 个月后，肌肉开始发育，在学会说话后，就可以开始练习使用筷子了。在出生后 24 个月左右，让孩子练习使用筷子并养成习惯，有助于大脑的发育。

使用筷子看似简单，但每一个细节动作都会活化脑细胞。日本很早便领悟到筷子的重要性，数十年前政府制定筷子节，教给孩子使用筷子的正确姿势及礼仪，并告知其重要性。

孩子喜欢简单的手指运动，常常抓住物品往嘴里塞，或是拿着拨浪鼓玩。他们躺在母亲怀里吸吮母乳时，会用手抚摸母亲的乳房或头发，促进手的触觉发展。尔后，孩子将逐渐学会使用汤匙、筷子吃饭，学会穿脱衣服、穿鞋子，熟悉各种手部动作与功能。

愈是先进国家，在幼儿教育方面愈是注重游戏与体验、设立森林幼儿园①与发展艺术教育，这三方面的措施全都与手、脚、嘴巴有关。游戏与体验必须手脚并用，在过程中孩子也能自然地与其他朋友交谈。森林幼儿园也是如此。艺术教育最具代表性的是美术与音乐。美术需要使用双手，它为年幼、不太会说话的孩子提供一种特别的自我表现方法。用手画出愈多的图案，愈能刺激脑部，同时也能增强手部、眼睛、大脑的协调能力。

音乐活动主要是由手进行弹奏与用嘴巴演唱，婴幼儿的声带和手尚未完全做好唱歌或弹奏乐器的准备，要到 4 岁左右，才能开始发展弹奏和演唱的能力。许多研究指出，4 岁至 5 岁的孩子若接受钢琴课程训练，会比未接受乐器训练的孩子有更

---

① "森林幼儿园"是一种源自西方的教育概念，通过提供给儿童在森林环境中的亲身体验机会，使其获得一个自身发展的过程。

好的视觉空间感，并且这种能力会持续发展。通过脑部影像可以确认，在演奏乐器时，负责数学与逻辑的左额叶区域确实受到了刺激。

半导体与信息通信领域以需要缜密的手工作业闻名，而在这些领域中，韩国一直是领先世界的佼佼者。韩国还拥有世界第一的造船产业，韩国拥有的没有丝毫误差的焊接技术为其他国家所不及。在某项调查中，一提及韩国，最先想到的不是"泡菜""烤肉""韩流"或"韩国流行音乐"，而是"技术"。韩国在"世界技能奥林匹克大赛"中连续18年占据第1名宝座，因为常获得冠军，连新闻也很少报道。韩国人表现杰出的运动比赛，如高尔夫球、射击、射箭、棒球与手球等，全都是以用手为主的运动。

想使孩子头脑发达，就必须在日常生活中让孩子多动手。有句话说："手是人类的第二个大脑。"特别是用手玩的游戏，能帮助孩子开发大脑。

从"幻想小人"的理论可知，从小使用筷子的韩国人因为经常使用双手，所以智商很高，但因为身处于不能自由发言与讨论的文化氛围，从高中以后，韩国人与犹太人的差距愈来愈悬殊。韩国孩子在初中或高中时，每次参加国际奥林匹克比赛都能拿到第 1 名或第 2 名，在国际学生评估项目中也能获得

行走在大街上的犹太人　图片提供：微风

不错的成绩，但在这之后几乎无法再有亮眼的成就。为什么许多获得国际优秀评价的孩子，随着时间流逝逐渐趋于平凡呢?

相反，犹太人虽然很少使用双手，智商指数比韩国低，但在学校里，提问、对话、讨论成为日常生活中必须做的事，经常开口，因此一直到高中都几乎未曾崭露头角的犹太人，在某一瞬间突然会发生很大的转变，许多犹太人进入常春藤盟校就读，获得诺贝尔奖，而这个秘诀就是哈柏露塔教育。

多与孩子进行肢体接触，有助于形成皮肤和大脑间神经回路的连接，即便是微弱的刺激，也会传达到脑部。因此皮肤触觉愈敏感，脑部活动也会愈发达。

同样，刺激五感也是不错的教育方法。让孩子闻食物的香味、品尝味道、抚摸接触等，均匀地刺激五感，也有助于大脑发育。平时已习惯的手部动作无法给予大脑新的刺激，若能演奏乐器或以平常较少使用的方式多动手，也会有不错的效果。

5 因打赤脚带来奇迹的幼儿园

脚的角色也相当重要。使用双脚能刺激大脑，使大脑活跃地运行起来。如果贪图方便，不常走路，总是让脚轻松休息，就无

法刺激大脑神经，大脑功能可能会持续衰退，甚至老化。走路时应将重心放在脚尖而非后脚跟上，才会有效果。在家里，比起穿拖鞋或袜子，赤脚能带给脚掌更多刺激。

一个日本幼儿园里的 5 岁孩子，跑完了连大人都难以完成的马拉松比赛，他们还登上约 3776 米高的富士山。这个因为创造"奇迹"而为人所知的"星子幼儿园"每年都让孩子挑战马拉松，跑完 42.195 公里的全马赛程。他们能征服马拉松，又登上富士山顶，秘诀就在于赤脚跑步。孩子们每天都光着上身、打着赤脚，心情愉悦地慢慢跑完约 3 公里路程。

日本星子幼儿园的运动场比建筑物还大，游泳池也相当宽阔。孩子每天一到园，就会自动自发地绕着运动场与幼儿园四周慢跑，一圈是 300 米，每天跑将近 10 圈。3 岁孩子不能一次跑完 300 米，老师会先制订简单的目标引导孩子。孩子边跑边嬉戏玩闹，累了就停下来休息。慢跑圈数慢慢增加，有时像是玩迷宫游戏一样，有时通过溜滑梯训练，就这样坚持二至三年，锻炼出跑完全马赛程的体力。

在幼儿园，孩子跑步时，年过七十的园长经常在队伍前面带领大家。他不会强迫孩子跑步，在孩子们感到疲倦时会适时让他们休息，或以非常缓慢的速度前进。由于群体的力量发挥了作用，几乎没有一个孩子停下脚步。

这些孩子冬天也不休息，持续跑步。不一样的是，他们冬天跑步会穿着短袖T恤，搭配运动鞋。星子幼儿园的学生赤脚奔跑时，大脑受到刺激，进行有氧运动使血液循环顺畅，头脑能变得更聪明，记忆力也随之提升。

运动与记忆力具有密切的关系，要使孩子的头脑灵光，就要努力进行有氧运动。在幼儿期，若进行如跑步之类的有氧运动，能增强长期记忆力。长期坚持运动的结果是，星子幼儿园的孩子展现出惊人的记忆力，能将长达3小时的6段故事的戏剧台词背得滚瓜烂熟，一字不漏。

这所幼儿园的学生不只跑马拉松，每年也会爬山约20次，在三年间总共登上60座山。孩子们5岁时，几乎征服了大阪附近海拔1000米的全部山峰，最后成功登上海拔约3776米的富士山。在韩国，很难看到有幼儿园小朋友爬上汉拿山。5岁孩童能登上比汉拿山高两倍、极为险峻陡峭的富士山，真不是一件简单的事，需要长时间锻炼才有可能完成这项挑战。家长习惯为孩子安排、打点好一切，而忽略孩子想尝试的心情。当孩子在爬山与跑马拉松时，受到周遭大人的赞美与鼓励，无形之中也累积了自信，在成长过程中充满斗志和冲劲。孩子在挑战与成就中获得了自信心与经验，建立了自尊，提高了自我价值感，即使遭遇困难的事，也不会轻易放弃，而是会积极想办

法解决。

这所幼儿园除了马拉松与登山之外，还有许多特别的活动。孩子定期在黑色泥沼里赤裸着身体玩泥土，或是在沙堆上玩沙，一年中也有不少的机会玩水。事实上，只要有泥土和水，孩子就可以玩上一整天，星子幼儿园的孩子用实际行动证明了这件事。幼儿园里没有玩具，孩子运用凹瘪的锅、汤碗、木筷及废弃用品游戏玩耍，这些都打下了让孩子拥有创意思考的基础。

第4章
从脑科学看学习

> 　　大脑喜欢新刺激，讨厌重复，因此教育必须求新求变才行。孩子拥有对新鲜事物无限的好奇心，好奇心会深入刺激大脑。因此，培养孩子自由自在、毫无畏惧的探索精神，对刺激大脑发育而言，是最重要的方法。

┃ 学习能活化大脑机能

　　学习需要动脑。如果不了解大脑，就无法谈论教育与学习。大脑里有 1000 亿个神经元，通过突触互相连接。一个神经元最多可以延伸出 1 万多个突触，通过大脑里 100 兆（1000 亿乘以 1 万）个突触构成的缜密又复杂的网络，大脑不断处理从

感觉器官传来的各种信息，将生活中的体验、遇见的人、到访过的场所储存起来，学习语言，以及用任何人都想不到的独特方式组合接收的信息。大脑具有强大的功能，因此我们才能够学习。

刚出生时，婴儿的神经元不成熟，许多轴突的外面还未包裹一层叫"髓鞘"的物质，神经元之间也没有连接，因此大脑皮质里几乎没有活动，呈现静止不动的状态。活动最旺盛的是调节生理机能的脑干与负责运动的小脑。出生后，脑中的联络网会急遽增加，变得十分绵密，使大脑的重量增加三至四倍。

幼儿成长到青春期后，神经元连接的速度渐趋缓慢，但会开始另外两种过程：一种是脑中已形成的神经元强化连接，另一种则是神经元被切断连接。两种变化都是以经验作为选择的基础。被认为有用的连接会留下，没有用的连接则会被去除，这样的过程在人的一生中会不断持续，在4至13岁孩子的大脑中最常发生。因此，幼儿时期的经历会在大脑中形成独特的神经结构，对日后在学校或职场等场所遇到事情时的处理方式具有深远的影响。这些记忆或知识就储存在大脑的神经网络中。

对教育者而言，人类大脑的特性中最重要的是神经可塑性。神经可塑性是指累积的知识或经验会促使神经快速发展，建立网络连接，引起大脑结构的改变。这说明人必须要不断学习，才能使大脑产生变化。大脑积极接收新信息，是促使新神经生长的关键。

举例来说，对于已经熟悉的内容，大脑几乎不会产生反应，所以，重复不会让我们变得更聪明。但像是第一次听到经济学知识，或是想要挑战新的事物时，我们会感到认知困难，大脑于是加快处理速度，强化神经元之间的连接，扩大连接网络或建立新的连接网络。

② 大脑最大的敌人是压力

要求学习者一直重复同样的东西、用同样的方式思考、用同样的方法背诵，可说是阻碍大脑发育的不良因素之一。人类的大脑有着令人无法置信的适应能力，会对外在刺激产生反应，让人学会新技巧并熟悉掌握。大脑喜欢新刺激，讨厌重复，因此教育必须求新、求变才行。

孩子拥有对新鲜事物无限的好奇心，好奇心会深入刺激大脑。因此，培养孩子自由自在、毫无畏惧的探索精神，对刺激大脑发育而言，是最重要的方法。

"别那样做""不行""为什么这么做"这一类的话，会使孩子丧失探索精神和学习新事物的动力，对大脑发育形成阻碍，导致智商或认知能力下降。

当人感觉到来自外部的威胁时，脑细胞会传送紧急信号，接收到信号的下视丘会刺激心脏跳动，使血压上升、呼吸加快，并分泌各种激素到血液里，这一切的变化，能为我们提供应付眼前危机或自我保护的力量。真正遇上危险时，这样的生理机制会发挥强大的作用，使人脱离危险。等危机过去，身体会再回到正常状态。但是如果我们不安的情绪不断累积，或是太过于担忧，一直处于不安和恐惧所带来的紧张和压力中，身体内部也会出现相同的反应：脑细胞发送危险信号，下视丘刺激心脏跳动，使血压上升，分泌各种激素到血液里。然而，因为没有外在敌人需要对付，因此不安感、恐惧感和愤怒感就会一直囤积在体内。事实上，敌人存在于我们的思维里。假如这种情况一直持续，就会耗尽脑细胞的能量，使血液发生化学作用，造成力量失衡，头脑陷入混乱。同样的状况一再出现时，神经系统便无法正常传送信号，只会浪费宝贵的精力，使心灵感到疲累，免疫力下降，身体容易受到病毒或细菌的侵袭，导致生病。这一切的根源，就是压力。

瑞德福大学的脑神经学家卡尔·普里布拉姆（Karl

Pribram）和加州心数学院（HeartMath Institute）的德博拉·罗兹曼（Deborah Rozman）曾研究过父母的行为对孩子脑部发育所造成的影响。他们的研究结果显示，爱和关心引发的正面情绪能使孩子的心跳产生连贯的电波，压抑或愤怒之类的负面情绪会使心跳产生不规则、不连贯的电波，这样的心跳会影响正在发育的大脑杏仁核。大脑额叶所感受到的情绪，也会深深烙印在杏仁核部位。

有些父母认为，小孩子哪有什么压力，但事实并非如此。孩子在课业、成绩、交友、异性问题等各方面都承受着许多压力，这些压力会对大脑造成直接影响，破坏大脑机能。

孩子年龄愈小，压力造成的冲击愈大。压力会使大脑的海马体萎缩，海马体是记忆中枢，所以压力增加，记忆力衰退的可能性会随之增加，尤其是小孩承受压力时，会造成语言发展和社会性发展迟缓，并影响发育，阻碍成长。

再者，调节情绪的大脑部位和记忆力具有密切关联，因此，唯有心情愉快时，才能把书念好。若处于悲伤或愤怒的状态下，即使有心读书，也不可能有效果。若给小孩难以承受的学习负荷，调节情绪的大脑部位就会产生压力，使掌管认知的大脑部位发生萎缩，孩子的性格也会跟着变差，一连串的恶性影响便接踵而来。

对小孩而言，最大的压力来自不融洽的亲子关系，另一种主要压力则是远超过大脑承受能力的过度学习。当英语、数学、语文的学习超过孩子的大脑所能承受的限度时，对孩子会是极大的负担。家长原本希望孩子更聪明、成绩更好，但过度学习会使孩子变笨，甚至成为精神疾病的诱因。

3 先行教育是造成学习效率低的元凶

对于孩子的教育，基本上可以分为三种方法：一、在未发育到相应阶段前，进行先行教育；二、配合发育程度，给予适龄教育；三、让孩子顺其自然地发展。这三种观点，都有学者支持。

很多人认为没有学者会支持第三种观点，事实不然。卢梭、夏山学校创办人尼尔等人都支持这种观点，他们认为，不用训练孩子站立走路孩子也能自行学会走路，不用训练孩子大小便孩子早晚都能学会，只要任其自然成长就好。

但在现实社会里，采取第三种方式并不可行。假设家长秉持坚定的顺其自然教育观，完全不教注音就让孩子上小学，当其他孩子都已经学会注音、会写自己的名字时，只有自己的孩子不会，只会对孩子造成极大的伤害，严重的自卑感会让孩子经历一段难熬的时光。

韩国有90%以上的家长会选择第一种教育方法——先行教育，即提前让孩子接受教育。先行教育是完全忽视大脑发育规律的行为，因为没把需要关注的发育关键期放在心上，使得孩子的大脑承受过多压力，引发各种障碍。

教学大纲与教科书是由各领域顶尖的专家根据每个年龄段的学生的大脑发育和心理发展状况量身打造的。初一的教科书是让初一学生学习的，若是让小学五年级学生学习初一的课程内容，学生的大脑必然会承受过重的负担，不只心灵上痛苦、身体上辛苦，大脑也会感到吃力，让学生的身心都疲惫不堪。

接受先行教育的孩子，在学校会提不起劲上课，因为课程都已经学过，就算想认真上课也无法专心，只能在课堂上做其他功课、打瞌睡或发呆。孩子一天的大部分时间都在学校度过，若是通过补习班或家教先学习这些课程，到学校上课时却在发呆，这样又能得到多大效果呢？

预习和复习哪个比较有效率呢？效果和效率不同，效果是看最终结果，效率则连经济效益都会考虑进去。预习和复习两者之中，哪个最能节省时间，可以让学习更轻松、更快呢？不必多说，答案就是复习。相同的内容，第一次学习和第二次学习时所付出的时间和努力会有极大的差异。

预习是指提前一天或比较短的时间学习，在听老师上课时，便能更容易理解。但在韩国，一般采取的不是预习，而是提早一年至两年学习的先行教育。

预习本来就比复习效率低，先行教育又远远超过了预习的标准，这是多么没效率又多么浪费的事情啊！先行教育花费很多的时间和金钱，让孩子投入无穷无尽的心力，事实上，只要把用于先行教育的 1/3 的时间和金钱花在适龄教育与复习上，便可得到更好的结果。

因此我们应该采取的是适龄教育，也就是配合孩子脑部发育的程度和关键期，让孩子接受教育。比如，孩子有学走路的阶段，有学大小便的时期，也有想学写字的时期，只要了解孩子的发育程度，适时给予教育，便不会让孩子因感到压力而累积负面的情绪，反而能满足孩子的好奇心和学习愿望，让孩子在无形中累积正面能量，性格变得稳定，自信满满，拥有正面的自我形象。

4 隐藏在"认真"背后的陷阱

孩子最常听到的话就是"你要认真读书"。无论是向爷爷拜年、第一次见到同学妈妈、学校老师，或是在电梯里遇到邻居叔叔，他们都会对学生说出这句话。

让我们来看看"认真"这个词。家长或老师最常对孩子或学生强调的，就是"你要认真"。许多家庭都将"全力以赴"或"认真生活"之类的话语当作家训。一般人对读书的看法亦是如此，认为必须认真念很久的书，才能拥有好成绩。但是，"只要认真就行，不认真就念不好书"的观念，是非常片面的。

认真需要以下三个条件：

第一，方向要正确。方向若不对，愈认真，造成的损害愈大。试想，若是有人以"认真"为座右铭，很认真地当小偷，或是有人为了欺骗别人而认真看书研究骗术，情况会如何呢？领导者中最糟糕的类型，就是明明无知却很认真的人。也就是说，明明方向错误却坚持己见，这样的领导者愈认真，下属愈疲累，造成的问题愈大。如果孩子认真的对象是打游戏、看色情影片、偷窃与欺诈，孩子愈认真，问题就愈严重。

第二，方法要正确。有人每天花 10 小时胡乱练习游泳，有人每天花 2 小时学习正确泳姿，一个月后让两人比赛，谁能胜出？没学过正确方法、胡乱游泳的人再怎么认真，都无法追上学过正规游姿的人。花几年时间独自认真研究围棋的人，也绝

对无法打败向高手学习过一年正规围棋的人。读书也是相同的道理，如果不掌握正确方法，再怎么认真读书也无法获得好成绩。长时间坐在书桌前认真背书却仍然无法获得好成绩的人，其实非常之多。

第三，要有效率。在投入大把时间、付出所有心力，与利用正确方法在短时间内以少许力量获得最大效果之间，我们应该选择后者。如果想有效率地认真做事，就不能盲目蛮干，而必须深思熟虑，寻找有系统、有创意的多元性方法。在这样的思考和探索里，才有可能进步。

坐在书桌前的时间与学习量不一定成正比，久坐在书桌前是最糟糕的学习方法，因为大脑最讨厌一成不变、反复的动作。当外界的刺激单调乏味时，大脑会分泌较多的慢速"阿尔法波"，造成注意力下降，想要打瞌睡。重复单调的动作会造成大脑神经元连接变弱，使大脑对刺激反应变得迟钝，很快就会忘记学习过的知识。这样的学习方式非常没有效率。

5 没有正确答案，才能让学生发挥创意

以考驾照的笔试为例，经常接触书本的人不会花太多时间

练习"模拟试题"，多则一周，有些人甚至只需在考前一小时浏览一下，就能通过笔试。像我也只在考前稍微瞄了一下题库就进考场，考完后监考官竟然喊我的名字，请大家为我鼓掌，因为我是所有考生中分数最高的人。

我能考取高分不是因为智商高，而是因为我能看懂题目并摸透题目的意图。问题在于阅读题目后有没有能力掌握题目的意图。

学生若想获得好成绩，最重要的是有能力在看完题目后，掌握出题意图，抓出题目的核心。

畅销书作家马克·鲍尔莱因（Mark Bauerlein）曾说过，如果想看懂复杂的文章，需要拥有三项技巧。问题是，在沉迷网络和智能手机的学生身上，很难培养出这些技巧。

以下是他提出的三项技巧：

第一，为了掌握文章表面和内部隐含的意思，需要花时间冷静预测接下来的文章走向。但是学生已经习惯快速瞥过通信软件上简短的信息，因此也养成随便浏览题目的习惯，不会仔细阅读与思考。

第二，需要有记住必要信息并保持清晰思路的专注力。复杂的文章经常会出现让十几岁的孩子觉得陌生的情境或概念，精神若不够集中，将难以理解内容。如果想掌握复杂文章的旨

意，阅读途中就不能分心，要专注在阅读上。

第三，必须秉持积极与批判的阅读态度，决定自己是要支持或反对作者的意见，确立自己的想法。复杂的文章容易让学生面临知识与经验不足的困境，然而十几岁的学生不会试图更深入地阅读文章以弥补不足，反而希望内容越简单越好。

鲍尔莱因主张让高中生亲自调查数据，亲笔记录在纸上，而不是一切靠计算机完成。但不是简单写几行字就行，而是必须经过一小时以上的亲自调查、亲笔记录，将所得到的结果写成结构复杂的文章。

学生总认为上课很枯燥乏味，校园外有趣的事物明显更多，因此即使老师再怎么尽心尽力，也很难满足学生的需求。2009年美国高中生课堂参与率的调查结果显示，65% 的学生（相当于接受调查者中的 3400 人）表示，希望可以讨论没有正确答案的题目，82% 的学生表示，希望在学校有机会发挥创意。学生想要讨论自己感兴趣的话题，想要有机会展现新想法，为了让学生达到目的，必须尽量给予他们说话、发表与表现的机会。

6 在归纳后说明，学习效果就会好

如果让孩子归纳、整理已经学过的内容，再进行说明，学习效果会明显变好。归纳、整理是指分析资料与整理出重点等技巧，如果能在学习时或下课前仔细阅读并整理资料，会加深理解的程度。只是没有必要局限于摘出重点等方法，也可以联系当天学到的各种概念，写成新闻标题或预测下回要学习的内容，这些都是不错的方式。

语言非常神奇，可以用嘴巴说、用耳朵听、用眼睛看、用文字写出来。为了输入和输出语言，大脑有一连串的通道，可以连接各种感受和思考系统。这样的通道有着和大城市高架道路相同的作用，汽车就像神经信号一样从四方涌入，然后各自往不同的目的地前进。

输入和输出大脑的语言也是如此。当我们的眼睛看到文字时，就会开始阅读；说话是从记忆系统中的想法或影像出发，经过运动皮质区，以可以被理解的声音表现出来；写字和说话有相似的启动方式，只是分别通过手部和口部的运动控制来达成；听力则是将耳朵听到的东西储存在记忆系统里，因此若是没有用文字写出或是跟着说出来，谁也不知道听者听到了什么。

如果学生看起来很认真地在上课，却无法记住内容，原因

就在于大脑什么都没做。大脑对于早已熟悉的行动和模式不会产生任何兴趣，却会对新信息投入注意力，启动新的神经元，增加神经网，并转变成学习模式。只有经过实际学习，才能得到自己想要的知识。大脑会把相似的信息储存在同一区域，并利用差异性来分辨与搜索数据。虽然这是一个简单的信息整理方式，却是考试时经常用来提高成绩的信息整理策略之一。对信息进行比较和分类时，需要拥有高度的思考能力，因为学生必须先分析信息、进行判断，才能知道该把信息归到哪个范畴。如果能够利用图表，便能轻松地在视觉上区分出相似点和不同点。

在课堂上对学生提出有助于复习的问题，或是在教室外让学生回想他们学过的内容，都能增强长期记忆。老师必须给学生机会，让他们对所听到的内容进行思考、整理与复习。大脑是一个探索装置，会持续寻找方法，用现有的知识结构来同化新信息。学生最熟悉的事物是个人的语言，要求学生用自己的语言表达出某件事具有什么意义、有什么作用，就相当于要求他们将新事物纳入已有的知识结构。让学生用自己的语言表达时，便能立刻知道学生对内容了解多少。假如学生无法用自己的语言表达，表示他们没有真正理解。通过这种语言过程，学生可以创造出自己的新知识结构，进而将内容记得更熟。

第 5 章
双向参与式学习最有效率

> 犹太人和韩国人教育的不同之处在于学习属于灌输式还是创意式、家长是主导者还是后援者、使用的是单纯背诵法还是问题解决法等。韩国人追求成绩和分数，犹太人几乎没有以数字来表示成绩的概念，追求培养学生的思考能力。

Ⅰ 由学习金字塔看学习效率

20 世纪 50 年代，苏联发射人造卫星"斯普特尼克 1 号"，这个新闻震惊了美国。美国对于培育人才进行了各种研究，希望能找出有效的学习方法以提高学生的成绩。其中一项研究指出，"学习金字塔"理论对于学习最有成效。

　　"学习金字塔"是由应用行动科学研究所"美国国家训练实验室"发表的理论，这个实验室由美国麻省理工学院社会心理学家库尔特·勒温教授（Kurt Lewin）创立。"学习金字塔"研究的内容是，在不同的学习活动中外部信息在大脑中的留存率。也就是说，学习金字塔是以金字塔的方式表示在不同学习方法下 24 小时后还能记得的内容的比例。

　　由这座金字塔可以看出，课堂听讲的效率是 5%，阅读是 10%，视听教材是 20%，实际示范是 30%。

　　学生在学校或补习班听课，效率只有 5%，坐在书桌前认真读书只有 10%，深受重视的视听教材的效率也只有 20%。然而小组讨论的效率却有 50%，实作演练的效率能达到 75%，教导他人则有 90%。（见图 5-1）

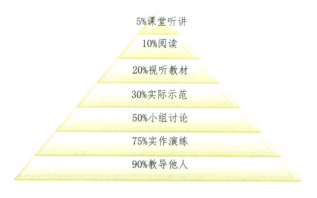

图5-1 学习金字塔

利用"教导他人"的方式学习1小时，与自己看书9小时、上课听讲18小时收到的效果是相同的。"教导他人"的效率是课堂听讲的18倍。

韩国人大部分采取听老师上课、阅读与背诵的学习方式，而犹太人与芬兰人则是采用讨论、展示、互相教导的学习方式。

最核心的问题是，当老师在学校讲课时，究竟谁才是需要学习的人。老师给学生上课，就是"教导他人"，因此即使过了24小时，老师也能记得90%的内容，但听课的学生在24小时后只记得5%的内容。那么经过两三天或一周后又会记得多少内容呢？

老师上课时，能够愈来愈有自信，原因就在于此。经过一次授课，老师便能知道重点在哪里，掌握课程的系统与逻辑。当老师愈来愈有信心、逻辑与系统，再看到学生听不懂时，就会感到郁闷。

然而，学生在学校听课后，还要到补习班上课、看参考书、念自己写下的笔记，但靠这些方式记得的知识却无法持久，只要一考完试，就会忘得一干二净。

2 "教导他人"是效果最好的学习方式

为何"教导他人"有那么高的效率呢？因为要向别人说明概念、脉络，使别人能够理解，自己就必须先融会贯通。准备课程时，有了复习和练习的机会，自然而然就能记住课程内容。再加上教导他人时，大部分是用嘴巴说明，说话时大脑的各个部位会同时运作，大脑的联觉[1]学习功能会得到激发，使记忆保留得更久。

再者，教导他人时，会发现自己之前没发现的问题或疑点，为了解决问题，大脑会进行紧张的思考，将问题与其他知识、信息连接起来，产生新的知识，将知识逻辑化与系统化。和别人共享自己的知识，也能带来自信及与人分享的喜悦。因此老师应该激发学生主动学习的愿望，帮助学生持续学习。

在前述的"学习金字塔"里，哪个是哈柏露塔呢？在"学习金字塔"的七项方法中，下方效率较高的三项属于哈柏露塔。效率为50%的"小组讨论"，是让学生两人一组进行沟通讨论，

---

[1] 一种通道的刺激能引起该通道的感觉，现在还是这种刺激，却同时引起了另一种通道的感觉，这种现象叫联觉。例如，看到红色会觉得温暖，看到蓝色会觉得清凉。

因此这种方法属于哈柏露塔。此外，哈柏露塔是开口说明，效率为 75% 的"实作演练"包括开口说明，因此也有哈柏露塔的特征。还有，哈柏露塔基本上是两人一组互相给予教导，因此效率为 90% 的"教导他人"也属于哈柏露塔。

在白正恩、权赫镇的论文《"小老师"对高中生数学学习成效和学习态度带来的影响》中，作者以数值明确揭示了"教导他人"的效果。此研究是让学生担任"小老师"，以同学为教导对象，然后比较导入此方法前后的学习成效，结果发现，学习效果明显增强。

这项研究以高二学生为对象，在数学课里将小老师和同学以 1∶2、1∶3 的比例分组，并比较每一组小老师的数学成绩有什么变化。结果显示，在 1∶3 的小组里，小老师以前的数学成绩平均不到 50 分，后来平均分数是 75.75 分，进步了26.15 分，在 1∶2 的小组里平均分数是 66.83 分，平均进步了18.45 分。两种分组的小老师数学成绩都大有进步，1∶3 小组的进步幅度更大。此外，学习者的成绩也得到了提高。

被动学习的缺点在于，因为有人替自己有条有理地整理学习内容，心理上虽然比较轻松，但若是不复习，便容易忘记。自我导向的学习方式可以让学生自己整理学习内容，在整理过程中，学习内容自然会刻印在脑中，维持较久的印象。

学生如果想拥有好成绩，就必须真正掌握学习方法，并利用该方法学习。最好的学习方法是，让学生教学生。某所学校导入这样的方法：让成绩优秀的学长指导学弟、学妹的课业，获得辅导费以补助他们的学费或零用钱。学生对此方法的反应相当热烈，学弟、学妹喜欢让平易近人的学长进行个人指导，学长在教学弟、学妹时，也能有效地整理自己所学的知识，并真正消化成自己的东西。

EBS 制作的 10 集电视片《学校是什么》曾经轰动一时，其中第 8 集是《0.1% 的秘密》，0.1% 是指一千人当中成绩最好的一个人，节目探讨这 0.1% 的人是如何读书的。在节目中，当学生坐在家中的书桌前经过长时间认真学习，觉得枯燥乏味时，就会把妈妈叫进房间。妈妈进来后说："怎么，又要玩老师游戏了？"老师游戏是什么呢？学生房间里有一部分墙壁是有机玻璃板，学生会在上头认真书写，给妈妈上课，妈妈扮演静坐着听课的学生角色。这是"学习金字塔"里学习效率为 90% 的"教导他人"的方式。另一个学生在学校的自修时间会站到讲台上，当有同学过来向他请教不懂的地方时，他会解释给同学听。这样的学习方式让人感觉吃亏的似乎是成绩优秀的学生，但这个学生却有完全不同的看法。同学若有什么地方不懂，表示这个部分很难，他因此解释给同学听时，也可以检查自己有没有什么地方忽略了，对自己是有帮助的。这依旧属于"教导他人"的学习范畴。

EBS 制作的《学习的王道》中也常常出现子女替家长上课，或是朋友一起读书的镜头，全都是一对一教学，属于"教导他人"的学习方式。这是最好的方法，亦属于哈柏露塔。

3 开口学习与安静学习的对决

EBS 制作的电视片《我们为何要上大学》第 5 集《开口说话吧》中出现过一个实验：让学生分成"安静学习"和"开口学习"两组进行对决，让一组学生利用哈柏露塔法学习，另一组采用传统的"安静学习"方式学习。

由大学考试出题委员出题，以大学考试科目中社会探索领域的西洋史为考试内容，这个实验的目的是测试哈柏露塔是否适用于考试。实验中把大学生分成两组，每组 8 人，在 3 小时里学习西洋史的某一部分，然后进行 1 小时的测验。（见下页图 5-2）

一组采用传统的学习方法"安静学习"，另一组则进行"开口学习"，两人一组大声地互相发问、互相教导。学习 3 小时

哈柏露塔学习法

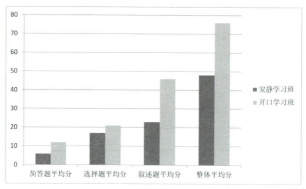

图5-2　开口学习与安静学习的比较结果

后进行考试，包括 5 道简答题、5 道选择题、5 道叙述题。结
果显示，安静学习组和开口学习组简答题的平均得分是 6 ∶ 12，
选择题是 17 ∶ 21，叙述题是 23 ∶ 46。安静学习组平均 48 分，
开口学习组平均 76 分，开口学习组的效率几乎高了一倍。哈
柏露塔在大学入学考试中也展现了效果。相信若不是在学习后
立即考试，而是在一周或一个月后才考试，差距会拉得更大。

通过这个实验可以明白，共同讨论比独自学习明显效率更
高。学生也表示这个方法更有趣、记忆更深刻。读书时最好的
学习方法是"教导他人"，在这个过程中可以自然而然地发现
自己擅长和生疏的地方，使实力更上一层楼。

安静学习组的学生并非不努力，从节目中也可以看到他们
有多么认真：画底线，加星号，用荧光笔标示重点，认真地背
诵自己整理的笔记。然而独自读书很难将内容深刻记在脑里，

经过一段时间就会忘得一干二净，读书变成很无趣的事，考试时也想不起来，连答对的部分也会在考后忘得精光。

如果能大声开口讨论，印象会更深刻，记忆也会保持得更久，读书会变得很有趣，甚至会热烈讨论到忘记时间。讨论能刺激大脑思考，同时引发不同的想法。有时遇到说不清楚的部分，就会产生疑问，引发出其他的知识。

开口学习会有效率，关键在于能够获得"后设认知"。后设认知是指一个人能够客观检视自己，可以分辨哪部分是自己确实知道的、哪部分是自己误以为知道的，也就是"自我了解"。

当人开口讲述时，便可以明确了解自己哪个部分不懂，这时就会去找答案或向别人询问，彻底掌握这部分内容。在讨论、讲述时，思想也会变得清晰、有逻辑。这些都是一个人念书时很难获得的效果。

4 成绩好不见得有实力

现在的家长和学生都过着追着成绩跑的生活。当然，学生是受到家长影响，通常是家长在追求孩子有更好的学习成绩。

犹太人的书架　**图片提供：汇图网**

家长和学生都深受成绩影响，不安指数节节上升，甚至会出现各种症状：手部颤抖，专注力下降，个性变粗暴，心灵变脆弱，无法替别人着想，感受变迟钝，性格变急躁，不择手段发泄不知不觉中累积的愤怒等。

　　然而成绩和实力不同，成绩是考试结果，主要以数字表示，但是实力可以帮助我们迅速处理工作，是我们生活中实际需要的能力。

　　即使英文成绩很好，总是考第 1 名、考 100 分，如果遇到外国人时无法开口交谈，那就没有意义。英文考100百分是成绩，无法和外国人交谈是缺乏实力。在学校学英文的目的不是在英文考试里得到高分，而是为了和外国人沟通，学习外国的文化和知识，了解他们的想法，拓展我们的视野，丰富我们的人生。

我们在生活中经常可以见到成绩和实力天差地别的例子。比如，语文成绩很好，却无法写出优美的文章或说话欠缺教养；科学或数学成绩很好，现实中却无法通过发明或逻辑性思维来改善生活。又比如，许多人的道德与伦理科目成绩很好，却不遵守交通规则或经常说谎；美术成绩很好，却没有欣赏艺术作品的能力。

在我们看来，犹太人的教育似乎和成绩完全无关，因为他们花费很多时间背诵犹太经典《妥拉》、冥想并发表感想，讨论如何将经典应用到人生中。他们学习《塔木德》，讨论当牛撞到人时，在什么情况下需要赔偿、什么情况下不该赔偿。他们花几小时激烈辩论这些看似完全不符合时代潮流的话题，与成绩有什么关系呢？无法想象他们会以选择题或简答题考学生《塔木德》里的某位先知有些什么主张。

家长是否想过，自己初二上学期期中考试的数学成绩和目前的人生有什么关系呢？那又为什么那么在意孩子初二上学期期中考试的数学成绩？

犹太人的学校不会按照成绩来排名次,犹太家长不会把子女的学习目标放在分数上。

《塔木德》教导他们,多数意见和少数意见一样重要,因此也必须尊重少数意见。

5 顶尖高中着重创造独立思考的环境

EBS 电视片《学校是什么》第 4 集《世界各国排名第一的高中》介绍了韩国的民族史观高中、美国的托马斯·杰斐逊高中与印度的梅奥学院。这些学校各自以独特的教育哲学和课程培养国际人才。

美国托马斯·杰斐逊高中给予学生很大的自由,但同时也要求学生要为这样的自由负责任。一堂课只上 35 分钟,在课堂上,老师不会把知识填塞给学生,而是不断提出问题。学生听课是为了听问题,学生在充满问题的 35 分钟课堂累积出满满的想法和好奇心,下课后会去找老师讨论刚才的主题,然后再自习,以培养思考能力。

韩国民族史观高中和印度梅奥学院的校园生活能引发学生清晰而活跃的思考。除了在课堂上学习,校园里的所有生活亦是一种教导和学习。除此之外，学生很清楚自己是为了什么而念书，学习的是如何管理时间与如何培养国际观。

在这些学校里，上课的主要目的是给予学生自行学习并受到启发的喜悦，进行教学的大部分不是老师，而是学生。学生拿着粉笔展示自己准备的内容，听课的学生则提出问题。学生在相互发问和答辩的过程中进行思考。最重要的是，老师和学生关系良好，也能得到学生的信赖。老师必须认同学生的存在，并通过学生的眼睛来评估自己授课的内容。

学会"追求知识的方法"以获得人生智能，比获得知识更重要。学生上课不是为了听课学习，而是为了听问题。托马斯·杰斐逊高中的老师会在35分钟的上课时间不断提出问题，学生会在聆听问题后思考。问题没有答案，因为世界上大部分的事情都没有答案。

老师会创造环境让学生思考，来引导他们回答问题。如果学习不是为了获得名声或成功，而是为了改善世界、帮助他人，学生就能抱有更强烈的动机去读书。民族史观高中采取讨论式的上课方式，参加国际辩论比赛已是家常便饭。这一切都和哈柏露塔有关。

6 艾宾浩斯的"遗忘曲线"

　　人类是健忘的动物，遗忘也是神赐给人类的最大恩典。假如人生在世把一切全都记得清清楚楚，想必会活得很累，因为在这些记忆中，也会有自己想要抹去的不好回忆。但是，如果有什么事一定得记住，就必须根据艾宾浩斯提出的遗忘周期反复复习。

　　艾宾浩斯是德国实验心理学的先驱，在《记忆》一书中提出"遗忘曲线"理论。他的研究结果显示，人的记忆会和时间的平方成反比，因此一般而言，记忆的保存量会随时间流逝而急剧减少。遗忘的比率在学习之后的一段时间最高，最初9小时遗忘的速度很快，之后遗忘速度会减缓。因此，所谓的"记忆力很好"可以解释成"遗忘率很低"。人类在学习20分钟后会遗忘42%，一小时后会遗忘50%。

　　一般来说，延长人类的记忆时间或永久保存记忆的最佳方法，就是复习。艾宾浩斯通过各种实验发现了复习的效果，也就是当记忆力下降时，反复复习可以再次增强记忆力。另外他也发现，在背诵同样次数的条件下，分散复习比集中复习更有效率，记忆更持久。

　　分散复习最重要的是复习的周期。根据他的研究，在学习后 10 分钟内复习，记忆可以维持一天，一天后再复习，记忆可以维持一周， 一周后再复习，记忆可以维持 6 个月以上，变成长期记忆。为了不忘记学过的内容，并使其变成长期记忆保留下来，最好的方法是进行"10 分钟后""一天后""一周后""一个月后"共 4 次的复习。

第一次学习时，必须认真阅读，秉持"是第一次也是最后一次阅读"的心态，一字一句地读。仔细研读非常重要，就算花费很多时间也要做到。此时最重要的是区分出重点与非重点部分，把重点部分标示出来。根据"10 分钟后""一天后""一周后""一个月后"的时间点，将重点复习 4 次，如此一来，就能变成长期记忆。

以医师身份前往以色列学习医学的柳摩西宣教士曾说过：

"韩国人和犹太人教育的不同之处在于学习属于灌输式还是创意式、家长是主导者还是后援者、使用的是单纯背诵法还是问题解决法等。

"我在韩国主修汉医学，后来前往希伯来大学研究所学习医学，令我惊讶的是，他们连医学也用讨论的方式上课，很重视创意思考。在韩国通常是一味背诵，考完试后就忘个精光，不断循环往复。然而，希伯来大学的考试大部分是开卷考试，题目会设定情境，让学生写下如何整合过去所学的内容和书本

上的知识，然后运用到题目的情境里。连医学都能利用创意方式学习，这一点实在让我感到非常惊讶。"

从上述话里可以清楚看出韩国人和犹太人的教育差异。韩国人追求成绩和分数，犹太人几乎没有以数字来表示成绩的概念，追求培养学生的思考能力。

老师是否教会学生做某件事一点也不重要，真正重要的是，学生能否重现老师的教学过程。当学生能将所学内容传达给他人时，才算真正学会了那些内容。

中国古代流传下来的教育思想认为，听而易忘，见而易记，做而易懂。老师讲课时，学生并不会全部听进去，不会全部记得。就算记得，能够理解的学生也是少数，可以应用在生活中或对别人说明的学生，更是少之又少。对话式的教学方式虽然比一般讲课少 20%~30% 的时间，却能使学生对课程内容理解更多。

教师采用一般的讲课方式时，无法知道学生有没有专心听课或脑子里在想些什么，但是如果分组讨论，学生就无法发呆或分心想别的事。

托尼·博赞（Tony Buzan）在《大脑使用手册》（*Use Your Head*）一书中指出，成人平均可以听懂 90 分钟的课程，却只能记住 20 分钟的内容。这表示每 20 分钟就要有变化，或是改变讲课的速度，听讲的人才能专心。"90／20／8"法则就是说，每堂课不要超过 90 分钟，每 20 分钟要有变化，每 8 分钟要让学生参与。

人第一次接触某一内容时，30 天后只能记得其中不到 10%，但是如果接触 6 次，30 天后可以记得 90% 以上。解释核心概念后，如果 10 分钟之后再提一次，一小时之后再强调一次，听了 6 次就不会忘记。上课有效率的老师只会用不到 15% 的时间处理或组织课程内容，却把 50% 以上的时间投入到需要互动的环节里。

<mark>7 从自身出发才能学得更好</mark>

被 EBS 电视片《最棒的教授》选为最佳教授的肯·贝恩（Ken Bain）主张，最好的学习法要从自身出发。EBS 电视片《学校是什么》中的实验结果也证明，确实掌握自己了解多少的学生，成绩会更好。

要先了解自己，才能进行学习。要从对自己提问开始学习。自己主动发出的疑问是基于好奇心所产生的疑问，来自内在动机。内在动机可以让人有动力活到老学到老。

肯·贝恩在《如何成为卓越的大学生》（*What the Best*

College Students Do）一书中，提到美国最有名的都市规划设计者雪莉·卡夫卡的故事。她来自乡下一个非常贫穷的家庭，她的父亲读了浸信会神学院，但是家族中未曾有人从高中直接升上大学。家人几乎只读《圣经》，除了《圣经》之外，家里连一本书都没有，她只能听大人讲故事。五六岁时，曾祖父经常说一些自己编的故事，或从他父母那里听来的故事给她听。当小女孩对长篇故事听得入迷时，曾祖父会用手指着她说："轮到你说故事给我听了。"接着，她便开始说故事。曾祖父会问她故事中的人物和动物，并要求她说得更仔细一点。曾祖父去世后几年，她在读八年级时，发现自己最适合走的路，是当一个"说故事的人"，于是立志成为作家。为了成为作家，她得充实自己，最后她意识到，必须上大学才能学到更多。

只有极少数人相信所谓"成长"是发现心灵的力量，也就是发现自己是谁、了解如何实现自我的过程。我们拥有的，只有自己，在人类的历史上，没有任何一个人和我拥有同样的身体与人生经验，也没有人和我拥有一模一样的大脑。我自己就是一个种族，因此可以站在与别人不同的角度看问题。要发挥自己心灵的力量，首先必须明白自己是谁，该用什么方式面对问题，以及如何解决问题。

乔布斯在斯坦福大学毕业典礼上演说时，说过出发与开始以及努力的重要性，在于"把点滴串连起来"。

美国作家哈罗德·埃文斯（Harold Evans）的调查显示，美国历代总统包括林肯、华盛顿、杰斐逊、罗斯福、艾森豪威尔与肯尼迪等都是读书狂。他选出的22名读书狂总统，囊括了美国人票选优秀总统排行榜的前10名。读书时必须要有自己的主见，如果没有主见，就算白读了。丁若镛[①]主张，读书要有主见，并且需要"草写"下来。所谓"草写"，是在读书时根据自己的想法，将需要的部分摘录下来。虽然多读书很重要，但更重要的是，读了一本书后要完全消化成自己的东西。为此，针对阅读内容进行讨论与辩论会更有效，因为讨论时可以进行更深入的思考。

最棒的学习方式是自己思考、体验并加以说明，这样能将学习内容变成自己的东西。

8 哈柏露塔是面向未来的学习趋势

韩国KBS（韩国放送株式会社）电视台制作了5集电视片

[①] 朝鲜王朝中期的官员，是一名哲学家，实学思想的集大成者。

《学习中的人类》，考察世界各国的学习法，探索在人类文明里，读书具有什么意义，各文化圈里最棒的学习是什么形态。哈佛大学学生珍妮·马汀、莉莉·马格林、史考特·任、布莱恩·卡乌达等四人考察了英国、法国、以色列、韩国、日本、中国及印度等国的读书文化，探讨最佳学习方式。在第4集《最棒的学习》中，提出两种最棒的学习方法：一种是牛津一对一教学，一种是美国菲利普艾斯特中学的哈克尼斯圆桌教学方式。

《学习中的人类》得出的结论是，未来的学习趋势将是采用"发问和讨论、沟通和合作"的学习模式。虽然独自读书可以在短时间内学到很多知识，但这样便没有机会训练大脑进行思考，很难拓宽思考的幅度。独自学习是为了应付考试，考完试就会忘得一干二净。人类文明到目前为止，思想不断发展进步，如果不努力拓宽思考的幅度，将难以在激烈的竞争时代存活下来。

最理想的学习方式是，一边学习一边将所学得的内容互相分享，加以深化。世上没有人可以独自处理所有的事情，即使自己想出了一个有创意的点子，假如不和其他人分享与合作来付诸行动，也只会被淹没。将自己的想法和知识与别人分享、一起合作，才能把创意具体化，找出实行的方法。

哈柏露塔的进行方式是分组进行发问、沟通、讨论与辩论。一般是一对一的分组，但也可以是四人一组或多人一组。在家庭里，爸爸和儿子可以一组，妈妈和女儿可以一组，全家人也可以一组。在犹太人的图书馆里一般是一对一；在学校或礼堂里可能是两人一组实行哈柏露塔，也可能是多人一组。哈柏露塔有三种形态：一种是两人一组，一种是多人一组，一种是老师和学生一组。

牛津一对一教学是典型的哈柏露塔讨论形态。老师和学生一组，进行发问、沟通、讨论与辩论。虽然老师和学生一对一教学是最理想的学习方法，但也有缺乏效率的缺点。老师人数必须够多，才可能利用这种方式上课。

若是让学生和学生分组进行讨论，在任何地方都可以进行。此外，学生自行分组、互相教导与学习的哈柏露塔，比老师和学生一组的一对一教学形式明显更有效率。站在学生的立场来看，向其他学生学习明显更有效率，因为向同学学习时可以更快理解，也比较放松、没有压力，可以愉快地学习。

哈克尼斯圆桌教学方法同样属于哈柏露塔，是小组讨论形态的哈柏露塔。犹太人聚集在一起学习《妥拉》或《塔木德》时，拉比会和其他人一起坐在椭圆桌边讨论与学习。家人也会围坐在椭圆形桌边，一边享用美食，一边把书摊开，进行温馨

的对话，或进行激烈的讨论或辩论。也就是说，犹太人早就开始以哈克尼斯圆桌方式进行学习和对话。

　　KBS电视台花费数十亿韩元，带着四个哈佛毕业生探访世界各国的学习文化后，选出的最佳教学法是"牛津一对一教学"和"哈克尼斯圆桌教学"，两者都属于哈柏露塔，因为全都是分组进行发问与讨论的形态，而哈柏露塔的历史比这两种教学方法悠久得多。

第6章
用哈柏露塔翻转课堂

在翻转课堂上，学生以进行活动的方式学习，不容易感到无聊，可以愉快地参与。多样化的活动内容可以引发学生的参与意愿，当学生成为主角、愉快地参与课程时，成绩自然会提高。

▌什么是翻转课堂？

"翻转课堂"是2007年美国科罗拉多州两位老师亚伦·萨姆斯和乔纳森·伯格曼提出后风靡全球的上课方式。

传统的教学方式是老师在教室里传授知识，学生在家复习。"翻转课堂"与在校上课学、在家写作业的传统方式相

哈柏露塔学习法

反，是一种在家预习、在校通过活动与讨论学习的方法。它打破了老师授课、学生听课的学习方式，让学生不只是听课，而是通过展示与活动学习。老师能够摆脱单纯授课的教学方式，减少教学时间，让学生有更多时间相互讨论与合作，达到学习的效果。这种上课方式能激发学生积极主动地学习，颠覆了数百年来的教育基本架构。

翻转课堂的重点如下：

（1）上课前先预习，到课堂上再通过活动和讨论来学习。

（2）将课堂上要说明的内容制成影片。

（3）影片长度最好在 10 分钟以内。

（4）影片在课堂上播放时，要分组收看。

（5）老师要指定学生需要解决的问题或讨论主题。

（6）学生共同合作解决问题或相互讨论课题。

（7）老师要成为督促者，接受学生的提问，并帮助学生学习。

（8）重要的是，老师要尽量增加和个别学生接触的机会。

翻转课堂这种上课方式会盛行，是因为学校的传统教学方式缺乏效率而且生硬无趣，学生难以参与，只有少数学生能够融入课堂。授课主角是老师，学生只是配角，当老师身为主角时，必须通过讲课传达课程的核心内容，学生则变成聆听者。如果学生无法听懂老师讲课的内容，进度就会落后。在这种情况下，学生必须努力跟上老师讲课的速度，主导权掌握在老师手中。

在翻转课堂上，学生以进行活动的方式学习，不容易感到无聊，可以愉快地参与。多样化的活动内容可以引发学生的参与意愿，当学生成为主角，愉快地参与课程时，成绩自然会提高。

利用影片学习，是由于现在的学生身处计算机及智能手机普及的时代，比起看书或阅读文字，更习惯观看画面。影片内容最好在 10 分钟以内，最长不要超过 15 分钟，因为学生可以专心的时间不长，很难持续对影片保持兴趣。如果可能，原则上一段影片最好只包括一个主题。

曾有一段时间，教育的重点放在将信息技术引进课堂，让电子黑板、数字教科书、互联网及多媒体设备普及于各个教室，以求改善教育环境。但是翻转课堂与使用信息技术进行教育的指向不同，它不只利用平板电脑或智能手机学习。在翻转课堂里，信息技术只是一种手段，让学生能够事先观看课程内容，重点是由老师在课堂上以具备创意的方式，引导学生参与活动。

授课时，老师要发给学生与活动相关的纸张，使学生主动

学习，或是接受学生提问，帮助遇到学习困难的学生。老师扮演的角色是向学生提出问题，引导学生开展有效的学习，并分析学生的反应，激发学生产生新思维。这样的上课方式使学生可以快乐地参与课堂活动，打瞌睡的学生减少了，同学之间的情谊增加了，学生能更多地理解课程内容。

因为学生已经预习过，事先有了概念，因此在课堂上，能更有效地发挥认知能力。最重要的是，学生变得更积极，产生了自信，增强了学习的效果。

韩国 2012 年首次将这个方法引入科学技术院，最近正式引入首尔大学数学系。KBS《教育全景》栏目制作了 3 集电视片《21 世纪教育革命——寻找未来教室》。在节目中试行了一个学期翻转课堂的教学方式，结果有学生成绩进步了 50 分，进步 40 分以上的学生也有 2 名，全班平均进步了 11.4 分。一个学期平均分数进步了 10 分以上，令人惊讶。

产生这样的效果是由于老师在教室里释出了"授课权"。一般老师会认为自己的职责在于授课，为上课设计课程内容、研究教材、拟订课程计划并运用各种工具上课，但这一切最后都会化为一般的上课模式，难以引发学生互动。老师上课时，学生会因为太熟悉这种模式，导致大脑没有反应，开始犯困，一个接一个地趴下睡觉，没有打瞌睡的学生就和身边的同学聊天。教学必须让学生拥有实质的学习效果才有意义，授课并不是最重要的事。

② 翻转课堂和哈柏露塔的关系

韩国《今日财经》选出近来关于教育的热门关键词，分别是"翻转课堂"和"哈柏露塔"。为何会同时选出翻转课堂和哈柏露塔呢？虽然两者在历史和文化上没有共通点，但是在实际内容上，却有着密切的关联。

哈柏露塔是拥有三千年以上历史的犹太人的传统学习方式，翻转课堂则是近年来才开始盛行。但是投入翻转课堂后，会发现大部分上课时间都充满了哈柏露塔的要素，因为翻转课堂能让学生主动参与，学生就不得不进行对话、讨论、合作与沟通。

站在老师的立场来看，翻转课堂的好处是不需要在各个班级重复同样的课程，也不需要在有限时间内，因赶着教授重要内容而产生压迫感。如果学生全都能认真听课，或许老师授课的时间和用影片授课的时间差不多。但是在教室上课的变量太多，可能会为了指导某个学生，减少上课的时间。

　　如果有学生因无法理解上课内容而提问，只有一两次或许还可以再解释一遍，却无法一直解释到学生完全理解。但是利用影片授课时，如果学生没听懂重要内容，可以再次观看影片，直到完全理解。

　　在翻转课堂上，因为有许多人举手发问，所以上课时学生会忙碌地在教室里穿梭，让人感受到什么是"有活力的教室"，同时体认到"原来大家都有这么多疑问"。如果利用这样的上课方式还无法使成绩进步，那就太奇怪了。当成绩进步了，学生就会产生成就感，并获得自信。

　　李敏京教授曾提出翻转课堂可以运用的方式，就是同侪学习和小规模分组活动。这两种方法都与以分组讨论为主的哈柏露塔有关联。教导同学，对于课业落后和成绩优秀的学生，都是非常有效的学习法，因为将自己所知的东西教给他人，就可以厘清自己的知识，从客观角度检视自己的认知情况。在明确了解自己懂与不懂的分界后，不懂的部分可以再去寻找解答，以达到完全理解的程度。

　　此外，同侪学习可以增加学生的互动，提升沟通与合作这项 21 世纪关键的 4 C 能力。对于任何学生，教导同学都是最有效的学习方法。学习能力相对低的同学，在接受同学指导时，会更积极地互动，学会不懂的内容，从而获得明显的进步。虽然有人认为辅导同学功课对于成绩优秀的学生很吃亏，但事实不然，因为教同学功课时，自己也能留下 90% 的印象，同时还可以整合自己的观念与知识。

另一种可以运用在翻转课堂里的上课模式，是小规模分组活动。这是确认的理解程度最有效的方法。这个方法是让学生事先看过影片后，和身边的同学组成一组，互相提问，共同讨论或解决问题。在学生分组讨论后，也可以让所有学生一起分享意见，也就是指定某个学生先说出自己的想法，再让其他同学说出自己的意见。

教育重心从老师转到学生身上后，学校不再是"教课的空间"，而是"学习的空间"。学生会逐渐了解，学校是为了学习而存在，并不是为了教课而存在。

这种学习方式可以带给学生力量，让他们明白学习是自己的责任，变得更主动学习。让每个学生至少根据影片想出一个问题，在分组讨论里合作解决问题，如此一来，学习重心便不在教室前排，而是在教室中央或整个教室里。

Part 2

哈柏露塔与传统学习的比较

　　独自学习的人现今已无法成为国际化人才。在这个时代，需要背诵的内容全都能利用计算机或智能手机储存下来。以高层次的思考能力和人际关系为基础的沟通与合作，才是关键所在。我们必须将独自学习的习惯转变成共同学习，未来才有出路。

第 1 章
独自学习 VS 共同学习

> 　　无论是语言能力、社交能力、性格还是人际关系等，一切的基础都在于父母和孩子的互动。父母和孩子的互动，将会决定孩子的未来。

▎与人互动，孩子才能学习

　　在火车或公交车上，经常可以看到父母让孩子用平板电脑、手机或笔记本电脑观看动画片。在家里，孩子哭闹时，父母也是让他们看影片，自己则埋头于手机游戏中。

　　工作忙碌的父母常会让孩子长时间坐在电视或平板电脑

前，但是接触愈多的幼儿教学光盘或影片，孩子的语言能力愈弱。

华盛顿大学的帕特里夏·K.库尔教授（Dr. Patricia K. Kuhl）的实验证明，幼儿不会从影片中学外语。幼儿只能从父母或老师那里学习语言。实际上幼儿的头脑对人类的语言非常敏感，因此，库尔教授曾让美国幼儿向中国教师学习12堂课，学习他们以前从未接触过的中文，结果非常成功。中国教师上课时，只是坐在美国幼儿面前用中文和他们玩20分钟，一周3次，进行一个月，结果美国幼儿学习中文的成果，不输于在中国出生、生活在中文环境下的幼儿。

然而，当库尔教授把中文发音的影片或录音放给幼儿时，幼儿的大脑没有吸收任何东西，他们看起来只是听到了一堆没有意义的噪声。

研究结果显示，音节和文法等较复杂的语言层面，再怎么看电视也无法学会，因为幼儿看教学影片时，无法将听到的声音解说和画面上的影像联系起来。

研究发现，学习效果会随着是否看到人而产生极大的差异。这并不是说影片里有人出现就好，而是幼儿必须通过与人互动才能达到学习效果，然而他们无法和影片中的声音有任何互动。

幼儿学习语言时，一部分靠阅读唇型，因此他们会一直盯着大人说话时嘴巴的动作。幼儿如果想学会某个单字的意思，必须先懂得分辨一个单字何时结束、下个单字何时开始；如果无法分辨，大人说的话就和小孩的咿咿呀呀没什么差别。

幼儿一边看着说话的人，一边听着对方说话，两种感官同时发生作用，诱导幼儿关注眼前有趣的对象，与人形成互动。这种互动使幼儿可以更专心，印象更深刻，并且学到更多东西。

库尔教授研究发现，从长期来看，孩子的大脑神经活动集中在同一种语言绝不是坏事。9个月大的孩子大脑愈是专注于同一种语言，到3岁时的语言能力会愈发达。相反，如果大脑与同一种语言，亦即与母语的关系越是薄弱，语言能力越是无法快速发展，而且这种影响会一直持续下去。

❷ 亲子的互动方式，决定孩子的未来

通过电视或影片，小孩很难学习语言。死板的信息也无法对孩子的性格带来良好的影响。孩子的社交能力和人际关系，都是从小开始形成与发展的。孩子的社交能力和人际关系基础，奠定于家长和孩子的互动。如果小时候缺乏与父母的互

动，孩子在成长过程中会比较欠缺热情，也有可能引发精神异常等疾病。

犹太人不让孩子多看电视或影片，会控制观看的时间，原因有三个。

第一，孩子接触太多刺激的影片，在成长过程中会对具有刺激性的事物渐渐无感。例如，会觉得一般影片不够劲爆，感到厌倦，想要看更刺激的影片。

第二，经常接触电视、网络等影像媒介的孩子，思考能力会大幅降低。因为影片不会刺激大脑中主管综合判断的额叶，使其发挥作用，这会导致孩子的判断能力和分析能力发生退化。也就是说，影片的信息传达到大脑视觉皮层后，并不会经过进行综合判断的额叶，而是直接传送到主管运动的大脑区域。因此，如果孩子坐在电视或计算机前好几小时，会导致综合判断力变得低下，脑袋也变得空空。所以大家才把电视称为"笨蛋箱子"。

第三，孩子看太多影片，无法通过与人互动锻炼待人处事的能力，因而失去社交能力。反复观看DVD、一直玩电子游戏，孩子就会只看自己想看的东西，导致语言能力发展迟缓，无法与别人对视，也无法学会待人处事的技巧。因此犹太人会尽量让孩子晚一点接触电视或智能手机，有的家庭甚至干脆不安装电视。

但是，就算有了互动，比父母一直说话更重要的是父母如何做出回应。语言的复杂度和多样化，以及孩子在一瞬间听到的语汇量，都会成为学习语言的动力。然而多听一些词汇，并不是必要因素，也不是主导因素。父母的重要职责是了解孩子发出了什么声音，并给予适当的回应。事实上，让孩子开口说话的关键不在于父母对孩子说的话，而是父母要适时给予爱和关心，对孩子的话语给予回应。

母亲对孩子的发声和探索过程能做出多快的反应，会决定孩子能多快开口说话及语汇量的拓展幅度。妈妈对孩子说话的频繁程度并不重要，重要的是当孩子开口说话时，妈妈是否给予适当的响应。当父母与孩子互动时，通过孩子的呼叫和妈妈的响应方式，孩子的大脑会明白，自己嘴巴发出的声音会对父母造成影响，能吸引父母注意，并了解到发出声音很重要。

如果想告诉孩子，物体和语言有关联，当孩子看到物体或亲手抓到物体时，要马上告诉孩子相关的语言，效果才会最好；当孩子凝视物体、用手指着物体，或是发出声音时，妈妈若是可以给予适当的响应，会产生更大的力量。这时父母绝对不能干涉孩子，也不能对孩子做出任何指示，必须让孩子主导，跟着孩子走。若在适当时间说出正确的名称，孩子的大脑

就会将声音与物体连接起来。

　　与孩子的发声系统有关联的肌肉足足有80条，需要一年以上时间，孩子才能完全熟练地控制这些肌肉。如果想帮助孩子学会控制发声肌肉，最好的办法是增加妈妈和孩子之间的互动。不管孩子发出什么咿咿呀呀的声音，都要给予激励，抚摸或抱抱孩子，效果会更好。和孩子肌肤接触，也可以增加孩子发出声音的频率和熟练度。

　　父母都以为孩子在学习语法前，必须掌握足够的词汇量，然而事实恰恰相反，掌握语法会带动语汇的学习。

　　无论是语言、社交能力、性格还是人际关系等，一切的基础都在于父母和孩子的互动。父母和孩子的互动，将会决定孩子的未来。

3 芬兰的教育成就，来自合作、讨论与体验

　　芬兰的教育以合作、讨论、体验闻名，无论在何处，芬兰人都会好几个人聚集在一起共同学习。

　　芬兰小孩出生后，几乎由国家担负起全部教育责任，芬兰的母亲相信生了小孩后，照顾孩子、使孩子接受正确的教育，

责任在国家和自治团体身上。芬兰人认为，孩子能够互相帮助、沟通与合作，懂得互相尊重，成长为健康的年轻人，和具有良好的智力一样，都是国家最大的利益和财产。

芬兰人在寒冬时节会让孩子躺在婴儿车里睡在屋外。他们认为，在屋外睡觉才能充分呼吸氧气，脑袋也会变聪明，同时提高耐力。这在一般家庭很普遍，政府甚至因此下令禁止父母在 −15℃时这样做。

孩子做健康检查和打疫苗时，护士会一一确认孩子从何时开始学会坐、学会用手抓东西，同时测试孩子看图说话、看图形描绘、丢接球、穿珠子等能力。这个成长发育记录不是为了进行早期教育，而是为了找出发育落后的孩子，早点做出应对措施。芬兰的教育目的不在于培养精英，而是要防止孩子出现发展迟缓的情况。

在孩子上小学后，芬兰人会测试孩子能否适应环境、画画、集中精神，最重视的是专注力方面的问题。如果在学校里老师发现孩子缺乏专注力，会通过补课培养专注力，在家里家长也会通过游戏帮助孩子培养专注力。当孩子玩积木或其他游戏时，家长会走开或静静待在一旁，不会妨碍孩子。他们会让孩子一天两次在外头跑跑跳跳一至两个钟头，因为他们认为必须让孩子消耗精力，念书时才能安静下来专心学习。

芬兰人重视婴幼儿教育，完全以孩子为中心。实施幼儿教育不是为了增加女性的就业率，而是因为这个时期的教育最重要。在幼儿园里，午餐过后，从 12 点到下午 2 点是午睡时间。下午 3 点半开始，妈妈就会来接孩子。从吃完点心到妈妈来接的这段时间，孩子会在外头玩耍，温度降到 −15℃才会停。当孩子在外头玩耍时，可以充分消耗体力，晚上也能有个好睡眠。在幼儿园里，孩子除了在外头玩耍、睡觉，其余时间就是参与美术和音乐之类的艺术活动。芬兰人很重视艺术教育，到处都有专为小孩设立的艺术会馆，孩子在满 18 岁前都会在此参与各种艺术活动，包括拿着锤子敲敲打打，制作椅子和书桌。

在幼儿园里，芬兰人不会让孩子提前学习，上小学前也不会先教孩子写字。他们认为，如果进行先行教育，反而会降低孩子的专注力。当芬兰的老师遇到受过先行教育的韩国学生时，都感到很头痛，因为当其他芬兰学生花一小时解题时，韩国学生只花 5 分钟就写完了，剩余的时间会捉弄同学、变得散漫，并且变得愈来愈自傲。

上小学后，芬兰人会在一二年级时教孩子芬兰语，因为他们认为必须学好母语，才能听懂老师的话、做好功课并学好数学。在母语教育后，他们重视的是专注力教育，会加开课程训练专注力，甚至进行一对一教学，致力于培养专注力。他们认为，孩子无法念好书是专注力不够的缘故。

芬兰家长会安排时间让孩子好好玩耍。一半以上的芬兰人拥有别墅，大部分都在湖边。3 个月的寒暑假中，孩子会去同学家的别墅一同玩耍，他们可以好几小时专心玩一样玩具。

芬兰没有补习班。然而芬兰人的英文程度很好，因为电视播放外国电影时不会配音，而是以原音播出，并嵌入字幕。孩子可以直接聆听英文，迅速阅读与理解，一眼看完字幕的能力也愈来愈强。

芬兰家庭的特色是游戏。游戏不仅可以增强耐心、毅力，提高健康水平，还能建立共同体意识，培养社会性、合作性、思考力、批判力、解决问题的能力等。孩子能在自然环境中培养丰富的想象力，也能通过和朋友玩游戏的过程，学习到各种事物。

在芬兰，利用分组活动来学习是很普遍的现象。学生在小组里互相学习、指导，学习进度时快时慢，这是为了让所有学生的进度都能一致。

芬兰的所有教育都是在学校而不是在补习班中完成的。检查学生是否达到目标，是国家的教育评定方式。如果达到目标了，就制订下一个目标；如果没有达到目标，就再次讨论，订出目标。因为每个学生的学习速度不同，所以进度也不一样。

学习原则当中，最重视合作。学生分组后互相学习、合作，同学不是竞争对象，而是合作对象；自己要超越的人不是同学，而是自己。

竞争与合作是带给孩子幸福的两个转轮。对人类而言，竞争或许是宿命，我们的大脑里也上演着这样的竞争。3 岁到 5 岁时，神经元会大量自然死亡，这是一种淘汰竞争失败的神经元的过程。在十几岁的孩子的额叶里，会大量修剪突触，这同样是为了建构更有效率的神经网，而把竞争失败的突触删除。所以说，在人体内所发生的许多现象，都是在所谓"竞争"的框架下展开。

人类从小就开始竞争，兄弟姐妹之间彼此竞争，在幼儿园和学校里也有竞争。竞争会分胜负，因为知道胜利的甜头、亲身尝过失败的痛苦，人类会努力在竞争中求胜。孩子以后要面对的是竞争更激烈的世界。在竞争的世界里，最重要的是公平。

虽然竞争是人类的宿命，但如果竞争过度，同样会带来不容小觑的副作用。过度的竞争会消耗许多能量，一旦失败，精神将会被耗竭，并且难以恢复。再者，过度的竞争会降低内在动机。没有公平、缺乏适当规则的竞争，必然会把所有责任转嫁到个人身上，使个人感到不安。

有些组织为了商业利益，会故意刺激家长的不安感，在这种情况下，情形会更恶化，也会丧失健康的竞争，留下愈来愈严重的后遗症。

只有全面讲求公平，才有健康的竞争。公平的竞争会刺激自我实现的欲望，激励自己更加发光发热，同时学到怎样光明磊落地失败，反省自己失败的原因，尊重获胜者。这种状况能为社会注入活力，让社会得到健康良好的发展。

在这个世界上，人无法单凭自己的力量活下去，也无法只靠竞争存活。想要通过竞争获得幸福很困难。幸福来自人与人的关系，若是不与他人互动，不可能会有幸福的人生。韩国人会执着于通过补习教育进入名牌学校，全都是因为太在意他人的眼光。在意别人的眼光，同样是竞争文化下的产物。

学习上的竞争，应在合作的前提下进行。芬兰人或犹太人的教育会成功，就是以合作为基础产生的结果。哈柏露塔是一套以小组合作为基础、蕴涵竞争的学习系统。人人都想在讨论或争辩中获胜，因此小组讨论是同时进行合作与竞争的最有效系统。

4 学校该教的是合作，不是竞争

2002年韩国职业能力开发院的调查显示，韩国中学生的学习效率指数仅在30个经济合作与发展组织成员国中排名第24位。学习效率指数是用在国际学生评估项目中的得分除以学习时间所得到的数值。数值低，表示就学习时间而言，学习效率相对低。

根据国际学生评估项目的数据，韩国学生每周的学习时间是 49.43 小时，比经济合作与发展组织的平均时间 33.92 小时多了 15 小时以上。韩国学生在国际学生评估项目中测出的学习成绩总是名列前茅，这虽然是很重要的事实，但韩国学生坐在书桌前的时间原本就长，当然会有这样的成绩。效率排名很低，成绩却名列前茅，表示韩国学生在学习方面很笨拙。

有一个词叫作"老师男孩"（teacher boy），是指没有老师带领就无法自己学习的学生。韩国学生年级愈高，自我学习的能力愈差；补习班上得愈多，自我学习的能力愈低。过度的补习教育反而拉低了真正的学习能力，如果太依赖单方面的"灌输教育"，孩子会逐渐丧失思考、吸收知识、解决问题的能力。

知识竞争讲求的是学习效率，而非青少年脑袋里的知识量有多少。能以最少时间完成最多的智力活动，才称得上具有竞争力。因此，"学习效率指数"排名落后，对于讲求效率的企业或老板来说，不是好事。

大家都知道自我导向的学习才是真正的解决之道，但是执着于竞争的学生和家长完全听不进去。如果不改变竞争式教育，自我导向学习只能流于口号。芬兰会成为世界数一数二的教育先进国家，是强化"协力合作"的结果，而不是因为竞争。将少数精英集中起来分班是错误的构想，让具有不同能力的学生一起学习，才有可能实现真正的教育。在学校里多元发展，也适用于任何社会，因为学校是社会的缩影。比起以录取分数高低来对学校进行排名而产生"多元化学校"，更重要的是要推行常态分校，让各式各样的学生共同学习，促进"学生多元化"。

学校是让学生学习如何与各种同学相处的地方。如果只让成绩优秀的学生一起学习，那就不是教育了。再者，若是功课好的学生都离开了，只剩下其他学生，学校又将变得如何呢？若将特定类型的学生抽离出来，学校系统将无法正常运作。多元化是非常重要的概念，但必须以"多元化学习"，而不是"多元化学校"来具体实现。芬兰会根据学生的能力、性格与兴趣，提供各种学习渠道，因为在学校里可以遇到学习渠道与

自己不同的学生，所以教育效果会更加显著。

"多元化学校"会让学校之间产生排名，我们应该以常态分校的体制取而代之，追求"多元化学习"。其关键在于，政府应该将编纂教育课程的权限让给老师，老师再亲自掌握学生的程度，提供多样化的教育课程。即使是同一个科目，也要让学生根据自己的兴趣与能力，选择不同的课程，这么一来，在常态体系里就能充分体现多元化学习。

芬兰从 20 世纪 70 年代开始让老师自己编纂教育课程，这是自第二次世界大战后讨论近二十年的结果，因此无论政权在谁手上，都难以改变这个制度。

让老师自己编纂教育课程的背景是全社会普遍信赖老师。和一般的欧洲国家相比，芬兰老师的水平比较高，因此自信心也很强。芬兰能将在国外只有大学教授才享有的教育课程编纂权赋予老师，就是基于这样的信心和信任。

芬兰的学生填志愿时，最大的影响变量是"同学"，学生希望和比较要好的同学念同一所大学。当然，这可能是因为从哪所大学毕业、就读什么科系、找到什么工作，都不会引起太大的差异，才会出现这种现象。芬兰人认为，在学校里排名次不是教育应该有的行为。

竞争会使学生变成笨蛋，有竞争就无法避免出现排名，竞争会对教育带来非常不好的影响。学校不是让学生竞争的地方，而是一个"教育合作组织"。学生在合作过程中学习到的，会比在竞争中学到的更多。因此，学校必须多加注意，避免形成过度竞争。首先，竞争所带来的压力会弱化思考力，使人缺乏心力做更深入的思考，也会丧失许多培养合作能力的机会。此外，在竞争中落后的学生，会承受非常沉重的压力。

这种压力是很严重的问题。读书原本是很愉快的事情，然而沉重的压力会使读书变成痛苦的事。当然，芬兰也知道邻国采用的是强调竞争的教育制度，他们不否认竞争具有正向功能，但是芬兰人认为将学生推入痛苦深渊的竞争，是一种错误的行为。到目前为止，芬兰排除竞争、强调合作的学习方式，也取得了十分显著的成果。

芬兰自 1917 年独立后，就非常关心国民教育。芬兰人从独立前就高喊"教育是所有人民的权利"的口号，这也是芬兰延续至今的义务教育和统合教育等教育原则的根基。"统合教育"在韩国主要是指身心障碍学生和一般学生共同接受教育的理念。在芬兰，除了通用的意思之外，"统合教育"也包含成绩优秀的学生和成绩差的学生共同接受教育的意义。

5 自我导向教育，使秋田乡下小学成为全国第一

韩国 SBS（首尔放送株式会社）电视台曾播过一个节目《秋田乡下学校的奇迹》。在人口仅有 2700 多人的小村庄里，东成濑小学是唯一的小学，当它打败补习风气盛行的东京学校、展示全国第 1 名的学习能力时，在全日本掀起了一阵旋风。这个学校的学生共有 121 名，周遭完全找不到补习班，是典型的乡村学校。即便如此，这所小学仍然成为日本学校的典范，原因就在于他们自我导向的教育方式。

为了打造正确的教育环境，学校和自治团体、乡村居民同心协力，和学生一起付出不少努力。他们注重三点：第一是主动学习的习惯，第二是充满热情的教师及没有落后者的教室，第三是教导原则。

学校有一套系统化的自我导向学习方式，让每个学生通过不同作业内容的自修复习笔记，培养主动在家读书的习惯。由学生先选出笔记上自己要学的功课，写完后带到学校，老师会仔细检查并给予指导。

他们花费时间采取这样独特的上课方式，打好基础使每个学生都不落后，目的不是让所有学生都得到好成绩。打好基础是为了让学生可以在社会上自立，并且携手往前走。

最令人惊讶的是，学生在路上会向所有来往的车辆打招呼。他们不知道车里有谁，但认为可能是村里的长辈，所以就打招呼。这并不是出于学校的规定，而是学生自动自发的行为。学校不教没用的东西，而是把基础内容扎扎实实地教给每个人，其余的让学生自己学习，找出自己想做的事。

这所学校发挥学校很小的特色，以小班制进行英语和数学的教学，并采用两三名老师一起上课的协同教学方式。协同教学可以提升学力结构，通过协同教学，老师可以配合每个学生的程度来上课，也能个别指导程度较差的学生。比如，可以在四年级的数学课上，让包含助教在内的 3 名老师，以 34 名学生为对象进行协同教学。

这里最有趣的一点是让学生"互相学习"。学生先向同学讲述自己所知的内容，然后再向老师讲述。"互相学习"可以增进理解能力，也能帮助功课落后的学生成绩进步，是一种很有启发作用的教育方式。

这所学校的近野良浩校长将这样的上课方式比喻成桌球式教学和篮球式教学。桌球式教学重视老师和学生之间的互动，篮球式教学是老师和学生之间，以及学生和学生之间密切互动的上课方式。这些方式都很注重老师和学生、学生和学生之间的沟通。

6 互相帮助，才符合人类的生存本能

人类在适应新环境、解决问题时，如果不互相帮助，可能无法存活。与他人合作，能提高生存的概率。对付饥饿的老虎时，众人合力总比单打独斗好，攻击长毛象时，多人一起围攻比单独进攻好。学生分成两三人一组共同学习，是符合人类生存本能的行为。协力合作展现了他们的本性，学生亲身体验到合作对学业的重要性后，更能帮助他们与社会共同体一起生存。

教育和实际生活的关系愈密切，拥有的力量愈强大，因此，以亲身体验为中心的实质学习非常重要。实质学习是指，学生在面临现实社会问题及与学生有关的活动时，可以探索、讨论，建立具有意义的概念和关系。除了处理实际问题，实质学习还能让学生把在现实社会中使用的各种方法运用到学习上，包括团队合作的方法，或是展示技术、流程和解决方案等专业内容时所使用的方法。实质学习的经验可以激励学生主动参与，创造出符合其他人实际需求的结果，因此可以增强学生的学习动机。

当学习过程充满活力及意义，并与自己的生活有关时，学生就会朝气蓬勃。被动学习的传统学习环境，和实际生活很少关联，让人感觉没有意义，会降低学生的参与程度，阻碍学习转移①。

我们会说话，所以可以思考，并以我们的说话方式思考。因此，让学生进行小组讨论，效果会更好。最好尽量让学生在参与讨论时，不会意识到老师的存在。

能够对学生反映出社会特性的教育，才是成功的教育。当学生通过讨论与批判，将所学内容与实际生活联系起来时，学习会更有意义，印象会更深刻，也更容易理解这个世界。讨论比传统上课方式更能引发出包括统合、应用、评价等高层次思考，并培养出具有创意的问题解决能力。通过主动讨论学习到的信息比通过听课学到的内容，记忆会更持久。

如果无法在职场上表现自己的想法，职场生涯将会变得很危险。在职场这个领域里，如果一味等待他人下指令，就没有人可以了解自己的想法、提案、问题与关心的事物。在任何情况下，要引起别人的注意，都需要主动展现自己的想法和建议。

在大学里应该学习的重要一点是，倾听同学的不同观点和意见，这是学生激发、锻炼思维的重要方法。研究结果已经证明，通过讨论可以改善学习效果。学生通过讨论学到的东西，

---

① 学习一种技能，有利于学习其他技能，称为学习转移。

会比听课学到的更多，记得的内容也会更多。

沟通和倾听能力是在职场上获得成功的重要因素。对人类而言，最重要的能力，是建立良好的人际关系，沟通和倾听在任何行业里都是最基本的要素，讨论是训练这两项技巧最好的方法。

社会上大部分的组织都以团队或集团形式存在。在小团体或大团体的讨论中学习如何与其他学生协力合作，对不够外向或喜欢独自工作的学生来说，尤其是学习合作精神的好机会。

通过讨论可以培养批判性思维。在教室里讨论，就是在容许犯错的环境下，让学生训练分析、统合与评价等思维能力。学生在教室里犯错没关系，但在社会上犯错就要付出代价。

反驳或同意别人的意见很重要，如此一来，才能实现有效的沟通。讨论是练习反对、挑战与同意的好机会，这样的能力是使人获得长期成功的重要因素。

共同学习给了学生认真思考、整理思绪的机会。在讨论中，学生必须开口讲述，才能和别人分享信息，别人也才能给予回馈，此时才能知道自己的想法是否能站得住脚，能否获得认同，是不是解决问题的最佳方法。

共同学习时，在同一个空间里的学生会通过视线、肢体动作和表情来表现自己，因此可以获得更棒的沟通经验。

　　我们现在已经知道，以老师讲课为主的上课方式会减少学生主动寻求答案的机会，降低实际学习效果。当学生认为老师知道答案时，这样的想法就会降低讨论的学习成效。因为学生知道只要他们闭紧嘴巴，或是装作不知道，老师就会给出答案，结果就是，学生知道老师最终会沉不住气，先打破沉默，而学会了在讨论的时间里"静静等待"。

　　两人一组的讨论比多人一组的讨论更有效，理由在于两人一组时，所有成员都可以参与。一般在小组讨论里，成员会找机会回避问题，认为躲在人群中或什么事都不做，就可以不用费心费力了。另外，若是小组成员很多，有人会担心自己的贡献被埋没，也有人会认为反正参与者那么多，自己不必努力。

　　独自学习时，容易感到枯燥、不容易集中精神，很难交到朋友，难以学到沟通技巧，读书容易沦为单纯的背诵，但共同学习时会很愉快又有趣，自然而然就能学会沟通、合作、关怀、感同身受、妥协与协商等技巧，而且自然就会结交朋友，还可以亲口发表，互相帮助，因此记忆会更深刻、更久远。

　　即使是单纯的题库练习，和同学一起阅读题目、进行猜题的游戏，也比独自练习来得更有趣、更愉快，不懂的地方也可以互相指导，花费更少时间，学习变得更有趣，学到的东西也

115

 哈柏露塔学习法

会明显变得更多。

7 犹太人从小就采用共同学习法

犹太人的胎教核心是"胎谈"。"胎谈"是指孕妇和胎儿说话。胎教必须是双向道，而不是单行道。从胎儿在母亲肚子里开始，父母就要与孩子多说话，等到孩子出生后，爸爸或妈妈可以在睡觉之前到孩子房间说故事给孩子听、和孩子说话。

犹太教经典《妥拉》命令人们"要勤奋地教导你的子女"，因此犹太父母认为教导子女是顺从神祇的事，也是一种宗教行为。对他们而言，孩子和家长共同学习是很平常、自然的事，他们使用的方法是，无论在路上或在家里，站着或躺着，都要和孩子说话。

犹太人的家庭教育是通过发问和讨论，培养孩子的独立自主能力。在犹太人家中的餐桌上，孩子可以毫无保留地和父母分享意见，父母也会仔细聆听。父母会竖起耳朵听孩子描述一天中发生的事情，孩子会有条有理地描述，如果有不懂的地方，也不会忘记问父母。在这个过程中，父母不会告诉孩子正确答案，只会引导孩子寻找正确解答。

前面提到过《学习中的人类》里的哈佛大学学生莉莉·马格林，她的父亲希尔·马格林每天傍晚都与孩子一起吃晚饭。无论多忙，他都会和孩子一起边吃晚饭边聊天。在这段时间里，孩子会学到比课本更重要的知识。即使在孩子考大学前夕，他们也不曾停止这样的对话。

一般父母总说自己太忙碌，难以进行这样的餐桌对话。父母忙，孩子也忙，然而这是优先级的问题。犹太家长比我们的家长更忙碌，大部分以色列女性都有工作，而且不只一份，

逾越节晚餐　图片提供：汇图网

而是两到三份，但是她们认为和孩子的晚餐对话比任何事都重要，因此会把这件事排在第一位。她们不会和别人约在这个时间见面，也不会接听这个时间的来电。

通过这样的餐桌对话，可以帮助孩子养成自主思考的习惯，面对各种选择时也能自己做出决定，并对自己的决定负责。因此，餐桌对话是培养孩子思考和独立能力的方法。犹太人的教育特色是，让孩子了解自己身处何处，和周围的人群建立关系，培养孩子身为犹太人的认同感及自豪感。

在餐桌上望着孩子的眼睛与他们对话，可以防止孩子误入歧途。有人会认为，望着对方的眼睛聊天是理所当然的，但是如果家长仔细想想，就会发现自己平常根本没有花多少时间望着孩子的眼睛深情聊天。看着彼此的眼睛非常重要，这是能让彼此专注在对话里非常有效的方法。如果精神方面不健康、心理状态不安定，或是感到恐惧不安，就很难做到看着对方的眼睛聊天。当家长看着孩子的眼睛聊天时，孩子会感受到父母对自己的尊重。

第 2 章
听的学习 VS 问的学习

> 他们认为，一个好老师并不需要多擅长传授知识，而是要能让学生思考、提问与领悟，并扮演好引导学生的导师角色。优秀的教育者不需要多会教书，而是能帮助学生自己学习。

I 语言一说出口，自然就能引发思考

当孩子静静地不说话时，我们会称赞他很乖巧。对妈妈而言，乖孩子就是好好睡觉、不哭不闹，而且不会问问题的小孩。大人经常命令孩子要听妈妈的话，或者要他们乖乖听从大人的指示。

但是犹太人不认为乖巧听话的孩子长大后会变成优秀的人。孩子很少开口说话时，他们首先会考虑带孩子上医院。安静乖巧、不表现自己的孩子，最令犹太父母担心，因为表现自我是最重要的生存之道。如果不表现自己，便无法让世界了解自己，也无法突显自己。

语言是人类的专属能力。动物会发出声音，却无法说话。动物和人类的差别在于语言。有语言才能思考，因此人类才能成为万物的灵长。没有语言，就不可能思考。试想一下，如果没有语言，我们能否产生想法呢？因此，让孩子思考，就要让孩子开口说话。也许孩子是在心里思考，但是必须学着说出口，才能厘清思绪。开口说话必须要有分享的对象，才能更深入地思考。说出口的话会引发想法，因此老师和学生、家长和孩子对话，是促进孩子思考最有力的方法。

例如，一个父亲花了一整天的时间和孩子在游乐园玩，他也许会帮孩子排队，让孩子玩他喜欢的游乐器材。然而在这个过程中，如果父母和孩子都没能说上话，就不算是拉近了亲子关系。在孩子的经验中，如果只看到父亲为自己牺牲奉献、偶尔买玩具与零食给自己，说不定还会认为父亲是像奴隶一般的存在。

我们为了与别人拉近距离，第一步通常是一起喝茶或一起吃饭。但是和初次见面的人一起吃饭、一起喝茶后，就能和这个人成为好朋友了吗？假如两个人没有对话，只会变成一场毫无意义的聚餐。吃饭或喝茶并不会使人拉近关系，那只是为了聚在一起说话的手段。

无论是和孩子一起去游乐园玩，或是一起打球，在这个过程中，父母都必须不断和孩子说话，才能拉近亲子关系。就算去博物馆或展览馆观赏了许多作品、体验了许多事物，不见得就能启发孩子的思考。根据美国北卡罗来纳州立大学奥恩斯坦教授团队的研究结果，3岁孩子当中没有和妈妈谈论展品的孩子，几乎不记得自己看过了什么。对照组的孩子和母亲聊过关于展品的话题后，记忆会变得相对深刻。

❷ 好奇心是学习的起点

在KBS制作的电视片《学习中的人类》中，大峙洞①的学生能随口说英文，发音好，文法也很优秀，就连小学生也能说

---

① 韩国的课外教育特区。孩子从幼儿园就开始接受特别教育，初三学生已经学完了高中所有课程。

一口流利的英文，哈佛大学学生表示，看过大峙洞的教育状况后，一致认为大峙洞式的教育在哈佛大学行不通。在美国出生的韩侨史考特·任也对这种不和别人讨论、只是独自坐在书桌前学习的情景感到非常陌生，很惊讶韩国学生会说："人生胜利组就是进入名牌大学就读的人。"

他们一致认为，学习时间长短并不重要，因为学习就是思考，可以坐在桌前，也可以边学习，边走路，边聊天，边思考。能深入地思考与发问，才是最重要的。他们认为，即使只看一本书，也要真正地了解书中的内容才行。对他们而言，最重要的事是思考能力与表达技巧，因此他们很重视用话语或文字来表达自己的意见。

"只要发问就有答案，发问会刺激思考，可以获得信息，并能融会贯通；发问可以让人打开心房、学会倾听，回答问题就能自己说服自己。"

这是桃乐丝·里兹（Dorothy Leeds）提出的"发问七大力量"中的主张。传统教育强调聆听，犹太人却重视发问。在《塔木德》倡导的教育方式下，父母习惯对孩子提问，孩子听到提问后，为了想出适当的答案就会思考，使得智力与能力得到进一步提升。他们一辈子都是以这样的方式，完成其他民族无法匹敌、专属于犹太人的卓越教育。

发问是为了使孩子的记忆更深刻，这些问题都很容易回答，但要使学生主动参与却很困难。容许各式各样的答案、鼓励学生更深入思考而不要死背的"开放型提问"或"扩散型提问"，比收敛型思考的"封闭型提问"更能有效带动学生参与讨论，这意味着在面对需要深度思考而非记忆性的问题时，学生更有可能做出具有意义的反应。

犹太人绝对不会原封不动地背诵与抄写，他们认为就算老师教得再好，如果只是单方面教学，便毫无意义。对犹太人而言，学习必须以相互沟通为前提。因此他们认为，一个好老师并不需要多擅长传授知识，而是要能让学生思考、提问与领悟，并扮演好引导学生的导师角色。优秀的教育者不需要多会教书，而是能帮助学生自己学习。

《杰洛米的赌注》的作者艾朗·卡茨也曾说过："当犹太学生感到无趣时，会从座位上起身，像要讨论世上最重要事情一样，对老师和同学提出问题，然后展开辩论。学生必须拥有好奇心，秉持提问的态度，提问才是获得知识的最佳方法。"

犹太人能获得很多诺贝尔奖，原因之一，便是学校鼓励学生随时发问，并展开激烈的讨论。他们认为，无论问什么都好，拥有发问习惯是获得知识的最佳方法。用眼睛阅读书本获得的知识容易忘记，但是通过提问与讨论获得的知识，就不容

易遗忘。

其他国家的人没有疑问吗？事实完全不是这样。孩子是发问大师，会一脸好奇地不断询问父母，甚至问到让父母觉得很烦。然而这样的发问随着时间逐渐消失了，因为父母没有认真与孩子对话，或者有的老师会阻止学生发问。孩子变得不再发问，只会寻找正确的答案，逐渐失去对世界的好奇，连自发性或自我导向的学习也跟着消失了。

莉莉的父亲希尔·马格林说过，犹太人获得许多诺贝尔奖的关键秘诀，就在于好奇心旺盛的发问文化。

希尔·马格林和莉莉在餐桌上最常玩的游戏是"为什么游戏"（why game），游戏规则是两人轮流提出含有"为什么"的问题，不断进行对话和讨论。

我们的学校偶尔会有讨论与展示的体验课程，但目的只是了解老师教的内容是否已经顺利地传授给学生，并不关心学生是否感兴趣、有没有将所学内容内化为自己的知识，他们认为这是学生自己的事情。

韩国学生的背诵能力、神人般寻找正解的能力，以及以简答形式回答问题的能力都相当强，这一切都是为了考高分、考大学及顺利就业，却无法培养对学习的喜爱与动机，所以有愈来愈多人在考完试后把书烧掉，或找到工作后就和书本筑起一道墙。但是如果不做任何探索，和书本离得远远的，又怎么能在国际化竞争中胜出呢?

3 争论是逻辑上的争辩

一般人都排斥"争论"，认为那是吵架，在讨论时他们几乎不会试图与人争论。在电视节目中的讨论，大部分都不是讨论。讨论是陈述自己的见解，达成某种妥协，但一般电视节目只是在一定时间内，由嘉宾轮流提出自己的主张，大部分都属于争吵的形式。

争吵和争论完全不同。争吵是情绪上的吵架，争论是逻辑上的争辩。提出某种主张时必须要有论据，论据愈有道理愈能获得支持。争论是以论据为基础来进行辩论，论据更稳固、逻辑更清晰的一方，才能获得胜利。因此争论会导向妥协或协商。争吵过后，双方的关系会恶化，然而争论过后，双方的关系则会更友好。

在彼此都不喊停的情况下，争论可以无止无休地进行下去。那么争论到底要持续到什么时候呢? 只要达到一定程度就行了。在这个过程中没有失败者，所有人都是赢家。无论犹太

人面红耳赤争论得多么激烈，结束后都会像没事发生一样，依旧友好地对待彼此。相辅相成，这就是哈柏露塔。

争论不是为了反对而反对，通过争论可以知道彼此理解的程度，并了解对方的意见。光看大海表面无法推测大海有多深，实际进入大海才能知道大海有多深。争论就像是了解大海深度的过程。

因为不习惯"讨论"或"争论"，所以如果有人批判我们的想法，我们就会视为人格攻击。即使是善意的批评，也会认为对方是在藐视自己，甚至当作一种侮辱。如果将批评视为人格攻击，那么即使是对自己有帮助的意见，也无法打开心防去接纳，从而失去改进的机会。

我们应该懂得批评不是人格攻击，而是能够帮助自己成长和改进的建言。事实上，我也相信批判确实可以使人成长与改进。再者，批评针对的是当下的能力和程度，因此时间和努力可以改变别人对自己的批评。

我们必须经常讨论和争论，才不会将批评当作责备，也才不会对别人的发言产生激烈反应，而能以理性的态度看待。

哈柏露塔是双方站在平等的地位进行争论，一个人提出自己的主张，另一个人在听完后以逻辑反驳其主张，是一种以明确的论据和逻辑为基础，站在尊重对方的平等的地位上，持续交换意见的过程。在这个过程中，互相都能学习。需要的时间可能是几小时或一天，甚至长达几天或几个月。

犹太人在任何地方都擅长协商，在金融及科技领域拥有许多世界一流的人才，因为他们在家庭、学校、企业等地方，都通过哈柏露塔自然地学到了协商的技巧。从鸡毛蒜皮的小问题到大问题，他们都会激烈讨论或争论。和犹太人聊天时常常会觉得很难用逻辑辩赢他们，因为他们从小就被培养成协商者。他们的协商能力是后天培养，而非天生就有的。

4 常春藤盟校为何有高淘汰率？

韩国学生在家通过网络或请家教学习，或是在学校与补习班听老师上课，熬夜苦读、拼死拼活考上美国的常春藤盟校后，100 个学生中就有 44 个学生会辍学。也就是说，新生当中有 44% 会在中途退学。美国的韩侨金圣基（Kim, Sung Kee）是哥伦比亚大学教育博士，他在博士论文《韩国人名校大学生研究》中指出，从 1985 年至 2007 年，哈佛大学、耶鲁大学、哥伦比亚大学、斯坦福大学等 14 所名校中的 1400 名韩国新生中，只有 784 名，也就是 56% 的学生可以毕业，其余的都在中途放弃，

辍学率达到 44%。

　　韩国人的辍学率比犹太人的 12%、印度人的 21.5%、中国人的 25% 都明显更高。

　　韩国人太执着于以考试为主的教育，导致大部分人缺乏人格修养或创意思考。也就是说，韩国人只努力考进去，考上后却不去思考该如何学习，以及这所大学或院系是否真的适合自己。

　　在美国大学里，大部分都以讨论、提出方案、分组进行专题讨论、在实际生活中运用知识等多种多样的方式上课，因此那些只会坐在书桌前读书的韩国学生便难以跟上进度。那些受到父母驱策才考上名校的学生，由于缺乏内在动力，找不到学习的意义，便会变得彷徨，容易被挤出校门。这些人几乎都是家长或补习班老师制造出来的优秀生。

　　我认为，韩国学生在常春藤盟校的高淘汰率是因为学习方法出了问题。他们在考上常春藤盟校之前与考上之后面对的学习环境完全不同。他们原本认为独自和书本奋战、背诵许多知识就是学习，并用这个方法认真地读了十年以上的书，因此突然面对讨论、争论和分组活动的学习方式时，会很难适应。

　　由于美国名校是精英的聚集地，只要落后一点，就会遭到淘汰。读了很多书的学生或许记得很多知识，但是不懂得怎样将知识消化吸收并形成自己的看法。

常春藤盟校重视的是学生具有见解和表达能力，而不是背诵书上的内容再原封不动地发表。书上或教科书里的知识都是别人的意见，假如没有自己的看法，又该怎么进行讨论呢?

5 哈佛以发问与讨论的学习方式闻名

包括哈佛大学和耶鲁大学在内的常春藤盟校，教授与学生中约有30%的人是犹太人，所有课程都以讨论的方式进行，因为犹太人的生活中充满发问和讨论。就像建立体育馆是为了锻炼体力，犹太人也有专门训练头脑的场所，那就是耶希瓦大学的图书馆。犹太人在图书馆内习惯一边大声讨论一边学习。在这里，大部分人会在书桌上把书堆得像山么高，然后与其他人进行激烈的讨论。在耶希瓦大学的图书馆里，会把两张以上的桌子面对面排在一起，因此任何人都无法安静地自修。耶希瓦大学的图书馆是犹太人教育文化的缩影，看得出他们有多重视以提问为媒介进行讨论和争论的学习方式。

更有趣的事情是，即使是初次见面的人，也会不断交换对象展开争论，完全不在乎年纪大小。对他们而言，重要的是对

方是否对讨论主题感兴趣。通过这样的图书馆文化，我们可以知道，对犹太人来说，学习意味着彼此的互动。

我们经常可以体验到，当面对面展开对话和讨论时，更容易传播知识。如果能事先观察对方的表情和心理状态，效果会更好。犹太家长和孩子会面对面讨论所有事情，互动过程中父母和子女都会变成生动的知识载体。

那么该如何改变我们的教育方法呢？必须增加学生与学生、老师与学生的互动和沟通。换句话说，就是必须改成共同学习的方式。一项调查结果显示，老师通常只会给学生三秒钟时间回答问题。究竟在三秒钟内，学生能思考些什么呢？这称不上给学生时间思考，充其量只是给了学生回忆的时间。回忆是找出大脑已经知道的内容，因此和创造或获得新知识都沾不上边。

在犹太学校里，老师会向学生提出问题，然后等学生给出答案。学校的教育重点，在于让学生尽量思考。学生必须调查、收集许多资料，并进行思考，才有办法进行讨论。但资料多不代表学生擅长讨论，必须把资料消化成自己的东西，建立自己的逻辑。

如果老师的教育方式是告诉学生答案，那么就必须使用讲课、说明与背诵的方法，但是人生在世哪有正确答案呢？只是需要做出许多选择罢了。做对选择就能通往成功和幸福的人生。想做好选择，需要眼力、洞察力等高层次思维能力。学生必须自行思考，才能培养思维能力，因此老师扮演的角色必须仅止于帮助学生自行找到答案。老师必须让学生多发言与进行活动，时时制造机会让学生自己寻找答案，当学生进入社会遇到问题时，才有办法自己寻找解决方案，创造成果，成为有创意的人才。

犹太学校让学生熟悉自己发现问题、解决问题的过程，这样他们无论遇到什么问题，都能自己找答案。篮球教练不会替球员把球投进篮筐，投球的人是球员。必须寻找答案的人不是老师，而是学生。就像篮球教练不会直接投球一样，教室里的老师也应该只是提供框架，让学生自己去寻找答案。

犹太教育是以犹太教为根基，从小进行以人为中心的人性教育。哈柏露塔的讨论文化让学生经过倾听、关怀、同感、协商与讨论后达成共识，自然能培养出逻辑性更强的学生。

在KBS电视片《学习中的人类》中，珍妮·马汀、莉莉·马格林、史考特·任、布莱恩·卡乌达几个人不约而同地认为，哈佛大学能成为国际名校，原因就在于讨论式的上课方式。

为了采取讨论式的上课方式，哈佛大学甚至改变了入学考

试的形式。在哈佛校园里，无论走到哪里都非常热闹，四处都有人在进行讨论，也许是学生对教授提问，也许是学生和学生在辩论。若遇到困难需要做决定时，他们不会一个人烦恼，而会找人讨论。和意见相左的人讨论时，经常会因为得到某种启发而发出"啊"的一声。通过讨论可以接触陌生的世界和观点，思考范围自然会更宽广，并能融合彼此的文化和思想，激发出创意。

通过讨论接纳不同的意见、得出适当的结论，是非常重要的学习方式。学生通过协调各式各样的意见，寻找具有创意的解决方法，便能在不知不觉中培养出优秀的领导力，这就是哈佛大学想要的人才。在数百个讨论社团及众多讨论课程中，来自不同背景的学生汇聚一堂，展现自己的世界，彼此激发灵感，哈佛大学因此而成为世界名校。

独自学习的人现今已无法成为国际化人才。在这个时代，需要背诵的内容全都能利用计算机或智能手机储存下来，以高层次的思考能力和人际关系为基础的沟通与合作，才是关键所在。我们必须将独自学习的方式转变成共同学习，未来才有出路。

6 被动式教育无法培养批判性思维

在当前世界各国的教育中，培养批判性思维是最核心的教育目标，发达国家甚至将批判性思维视为高等教育的最高品德。在英国名校牛津大学和剑桥大学，教授与学生进行的一对一教学，其核心也在于培养批判性思维。所有教育机构都切实感受到批判性思维的重要性。1995年对美国加州68所大学所做的调查显示，89%的问卷结果是认为"教育的核心在于培养批判性思维"。哈柏露塔是培养批判性思维的最佳方法。犹太人秉持怀疑的态度不断发问，已有三千年以上的漫长历史。

犹太人遇到难解或意义不明的文章，会彻底钻研以求理解。保持怀疑的态度与提出问题的习惯，在过去和现在都有助于培养批判性思考能力。

拥有批判性思维就能精准掌握信息，明白信息的重要程度，学会判别信息的真正价值。信息可能非常宝贵，也可能毫无用处，因此获取信息时，必须精确分辨。

批判性思维在获得新发现方面，扮演了十分重要的角色。这个能力可以帮助发现信息的人判断特定事实的真假，并通过检验证明其为事实或虚假信息。如果没有批判性思维，便无法判断某项信息和其他信息是否吻合，对于信息的吸收程度也会

很有限，最后让信息变得毫无意义。

比起原封不动地接收信息，懂得利用批判性思维判断信息正确性的学生，才能成为具有创意的人才。有各式各样的方法可以培养学生的批判性思维，最好的方法是讨论。讨论需要深入思考指定的主题，同时培养倾听能力，还能养成互相尊重的态度。通过亲身体验，我们可以学习到当别人与自己意见相左时，并不代表别人有错，只是意见不同罢了。

讨论时必须提出论据支持自己的主张，因此可以培养灵敏的大脑，也能训练出时时刻刻都能敏捷应对的能力。

现在通过计算机就能找到讨论需要的许多资料，但资料实在太多，无法全部使用，因此必须选出能支持自己论点的论据，这样自然而然就能培养出眼力，在浏览资料后做出判断与选择。挑选论据时，需要的是批判性思维，即以批判的眼光检视资料并提出疑问，找出隐含的意义。

进行讨论时，必须注意对方发言是否逻辑跳跃、有矛盾之处，并做好随时提出问题的准备。如果有人谈到特定主题、研究或政策，必须提出问题让对方证明自己的主张，在这个过程中，就能自然地培养出批判性思维，拓展思考的范围。

只是被动听课，无法培养批判性思维。批判性思维的养成大都在于青少年时期，然而我们在宝贵的中学六年时间里，只是一味地听课、背诵，因此在这个时间里，情势就被犹太人逆转了。

7 由内而外的教育，能产生显著的效果

东方人通过背诵学习，西方人通过提问式的对话和讨论学习。这两种文明以不同的方法留下许多成就和文化遗产，两种学习方法各有优缺点，然而现今的世界趋势是以发问和讨论的学习方法为主流。

东方社会重视团体活动和关系，期望孩子成为一个能给别人留下积极印象、和别人和平共处的人，因此即使自己的才能比别人优秀，也不能到处炫耀，他们认为过分展示自己的能力是骄傲的行为。

相反，西方社会强调个体和独立性，把个人满足和幸福排在第一位，非常忌讳伤害自尊。

在这样的背景下，东方人认为针对某个事件公开批判、发问与争论，是一种不恰当的行为，西方人的想法则完全相反，因为西方人相信，在不断问答的过程中，可以激发出最棒的创意。他们在教育孩子时，不会要求孩子必须将家长或老师传授

的知识原封不动地全盘接受，而是会引导孩子产生疑问、提出问题。

东方人认为知识是外在的，学到外在知识就是学习，因此会效法比自己更早学习、拥有许多知识的人，为了尽量多学一些知识，不断阅读、背诵与听课，最典型的方式是看书，不断背诵书上的内容，将圣贤的教诲视为真理，强调必须追随圣贤。

相反，西方人从希腊时代开始，就认为争论能力、辩证能力和战斗能力都是男人需要具备的能力，相信知识存在于自身而非外在的东西，因此不断发问以追求真理。苏格拉底反诘法的出现也是由此而来，通过发问引导学生自己寻找答案。苏格拉底非常重视这样的教育方法，是因为他认为这样可以引出一个人内在的知识。

"教育"的英文"educate"，从词源上讲是"由内而外引导出来"的意思。西方文化非常重视个人价值，相信能影响个人价值形成的知识早就存在于自身，为了找出内在知识，才会不断发问、讨论与争论。学生必须有所表现，才能将知识由内而外引导出来，表现的方法包括说话、写字、画图、唱歌与肢体动作等，而最简单又有力的方法是说话。

以色列艺术与科学院董事长兼首席执行官赫兹基·阿里尔（Hezki Arieli）认为，哈柏露塔是犹太人在寻找自学的方法时找到的方式。数千年来，犹太人受到无数欺压，没有自己的国家，必须在外来迫害中求生存。在这样的环境下，他们必须尽力创造自己的知识，增强自己的力量，赢得生存和发展的权利。虽然在"创造"前需要"学习"，但他们缺乏可以自由学习的空间，也没有能力请老师，因此他们找到了没有老师也能自己学习的方法，就是哈柏露塔。

柏林犹太博物馆　**图片提供：汇图网**

　　哈柏露塔不是以师生关系，而是以平等的同学关系互相学习与教导。这个方法远远超越了"一加一等于二"的效果。由一个人扮演老师，另一个人扮演学生进行讨论。老师与学生之间没有身份的区别，而是以平等地位，进行大量的互相学习。哈柏露塔是一种不分年龄、学历与职务，可以进行有效学习的讨论式教育方法。

　　在一般师生关系中，晚辈对待长辈必须恭敬有礼，这样的观念使得学生无法好好表达自己的意见，因为学生若是想反驳，就需要很大的勇气。如果认为自己的地位比对方高，也很难激发出有创意的想法。在上下关系中，很难激发出创意。

　　可以弥补这种缺憾的，就是哈柏露塔。在平等的前提下，专心讨论要学习的内容，就能以平等的关系，尽量让对方理解，也可以倾听对方的创意与想法。在平等的关系中进行讨论，就不会有胜负之分。哈柏露塔好比跳舞，有时是对方主导，有时是自己主导。

　　在哈柏露塔的方式下，自己可以当学生，也可以当老师。因为放下一切身份地位，共同度过许多时间，所以彼此在心灵上可以有许多交流。

　　哈柏露塔最基本的过程是一起阅读内容，指定谁当正方和反方，把自己的意见向对方说明后，彼此发问、答辩与反驳，结束这一轮讨论后，再交换正方和反方的角色进行下一轮讨论。过程看似简单，但针对一个主题和对方分享意见时，为了能够条理分明地陈述自己的见解，就必须经过深入的思考，当别人有条有理地表达意见时，也可以学到别人是如何思考与展开逻辑性的陈述的。

开始争论后，必须提出问题，让对方有机会发表意见。在这个过程中，可以学到对话、沟通、讨论与协商的原理和技巧。如果在家庭、学校、企业里经常有机会让两个人针对一个主题讨论彼此不同的看法，便能真正掌握要学习的知识，并在学习知识的过程中激发创意，产生智慧，学会如何活用知识。

哈柏露塔最大的威力，在于培养思考能力，在对话、讨论、争论的同时，可以不断使人思考。哈柏露塔是能刺激大脑运转的教育方法，大脑开始进行思考就能自然发展出思考能力、眼力、洞察力与创意。再者，因为是和朋友或同学一起进行讨论，也能培养沟通和合作的能力。

第3章
单一正解 VS 多元解答

> 犹太人最常问的问题是："你有什么想法？"他们的讨论可以结合"我的想法"和"你的想法"，创造出"我们的想法"。这样的讨论最后会成为一种重视他人的教育，使人学会尊重人性和人格。

| 孩子没创意？因为你习惯给出标准答案

标准答案是指固定的答案，而解答是指经过分析而得到的答案。标准答案通常只有一个，然而解答则根据不同的分析，可能有很多种答案。标准答案只有"对"和"错"，解答却有第一选择和第二选择。

基本上我们从小学到高中这12年岁月里，为了寻找标准答案会进行好几百次考试，寻找标准答案的能力简直达到出神入化的境界，即使完全不懂问题，也可以圈选出正确答案。不过，这些标准答案现在都能在网络上找到，在实践中讲求的则是多元化、具有创意的独特的答案，或者各不相同的答案。

我们实施了将近20年"寻找标准答案"的教育，四选一选择题、五选一选择题、简答题等全是寻找标准答案的题目。然而，人生有标准答案吗？关于人应该如何生活，这个问题并没有正确解答，只是在各式各样的道路中，找一条最适合自己的路罢了。如果期望教育能对人生具有最好的影响，就必须好好思考"寻找标准答案"的教育。

教育里最重要的不是寻找标准答案。在提出与解决问题的过程中，让孩子思考才是教育的重点。比起答对或答错，学生的学习动机和思索过程更重要。教育的目标不在于让孩子知道什么是标准答案，而是要培养学生可以秉持好奇和疑问的态度，自己解决问题。

犹太人最常问的问题是："你有什么想法？"他们的讨论可以结合"我的想法"和"你的想法"，创造出"我们的想法"。讨论是逻辑训练的一个过程，同时能培养拥有健全思考与良好习惯的人才。这样的讨论最后会成为一种重视他人的教

育，使人学会尊重人性和人格。

我们的学生很擅长在大人给予的框架中寻找标准答案，相反，犹太人自由又有弹性，拒绝被困在框架里。我们的学生为了达成目标拼死拼活，犹太人则会享受那个过程。我们的学生擅长打短期战，犹太人则擅长打长期战。假如爱因斯坦或爱迪生出生于韩国，结果会如何呢？也许爱因斯坦会被赶出学校，或是因为只擅长数学和物理，其他科目成绩都不好，而无法考上大学；爱迪生在学校或社会里则会受到霸凌，即使发明很多东西，也会因为受到许多限制而无法发光发热。

假如妈妈倒了一杯柳橙汁给孩子，并问他：

"孩子，这是什么？"

"是水。"

这时候，妈妈通常会有这样的反应："这怎么会是水呢？这不是水，是柳橙汁啊。"

当妈妈说出这种否定的话，孩子会感到挫败、丧失信心，自我评价也会跟着降低。

"孩子，这是什么？"

"是水。"

"是吗？你为什么这么认为？"

"是黄色的水啊。"

"哇！你怎么会有这么棒的想法呢？"

当孩子听到妈妈的赞美，就会自信满满。

"妈妈给你看真正的水，看仔细哦。"

妈妈将水倒入玻璃杯，孩子仔细地盯着瞧。

"水是什么颜色的呢？"

"水没有颜色。"

"没错，水没有颜色，柳橙汁有颜色。水没有颜色，柳橙汁是黄色的水。"

虽然孩子的答案在大人眼中明明是错的，但是没有必要斥责孩子说错了，只要这样询问就好。

"是吗？你为什么这么认为呢？"

那么孩子就会说出自己这么认为的理由，妈妈可以根据孩子的回答提出问题，刺激孩子思考。

标准答案会阻碍创意思考。对小孩而言，妈妈和老师的话就是真理，如果从大人口中听到标准答案，孩子便无法跳出框架，或许还会变得像机器般机械式地说出标准答案。

当孩子答错或犯错时，是和孩子进行哈柏露塔的最佳时机。假设孩子端着装了牛奶的杯子却不小心让杯子掉到了地上，家长一般会说：

"笨蛋，你在做什么啊？"

比较沉稳的家长会说："怎么回事？怎么不小心点！"

当孩子犯错时，如果家长做出这种反应，便会伤到孩子的自信和自尊。犯错就会挨骂，因此变得不想再做任何尝试。每个孩子都会犯错，哪有人一生下来什么事都会做呢？

"任何人都会犯错，只要把翻倒的牛奶擦干净就行了。"

"可能装了牛奶的杯子对你来说太重了，如果杯子有把手，就不会掉到地上了。"

孩子犯错时会变得畏畏缩缩，此时首先要安抚孩子，并关注解决方案，而不是批评孩子犯错的行为。不要把焦点放在孩子的人格或错误上，要通过错误制造机会让孩子学到解决问题的过程和方法。

"为什么会洒掉牛奶呢？"让孩子稳定情绪后，妈妈只要问这句话，孩子便会自行思考，然后回答。

"因为太重了。"

"因为我跑了，才会洒了。"

"因为我没抓好杯子。"

妈妈听完孩子的回答后，只需要附和他的回答，继续对话。

"牛奶洒在地上了，该怎么办呢？"

"要擦干净。"

"那要用什么东西擦呢？要用毛巾、畚箕，还是汤匙？"

如果孩子回答汤匙，妈妈可以拿汤匙实际擦擦看。只有亲身体验，才会变成孩子的知识。

像这样和孩子一边进行对话，一边寻找方法，也许会花费很多的时间才能把地板擦干净。父母通常容易性急，什么都要求快，可能会觉得赶紧拿抹布擦掉牛奶才是更好的解决方法，但是这样一来，孩子便无法通过错误学到东西，孩子的自信和自尊心会变得低落，和父母的关系也会愈来愈疏远。当孩子害怕犯错时，可能会变得不敢尝试。俗话说欲速则不达，经过这样耐心的对话过程，才能带给孩子信心。

2 阅读是哈柏露塔的基础

哈柏露塔教育着重于培养孩子的逻辑思维与批判性思维。有人认为围棋或西洋棋也能获得相同的效果，但棋类活动更注重专注力，过程中并没有使用语言，而训练逻辑能力离不开语言。阅读与对话是发展逻辑能力的起点，与想象力结合后才会有发展的空间。想象力是一种媒介，它结合逻辑与事实，能更清晰地呈现具体情境。想象力融合创意，可以激荡出新颖、出众的观点。哈柏露塔教育的宗旨，就是培养多元化的思考模式。

要想迅速引发学生参与讨论的动机，"读后讨论"是适合的方式。先选择读物，接着定出讨论主题，个人再依主题发表意见，这就是"读后讨论"。这个方法在家也很容易实行。

在学校进行读后讨论，关键是要选定一本具有合适的议题的书籍，让学生在阅读后进行讨论，针对主题发表自己的观点，也能借此了解到不同的观点。在自己的观点被挑战时，就需要寻找更多能支持自己立场的论据，无形中就能培养出逻辑论述能力、创意与批判性思维。读后讨论可以"因科制宜"，是相当有弹性的教学方式。

阅读是实行哈柏露塔教育法的基础。美国学校相当重视阅读教育，在婴儿出生6个月后，公共教育系统启动，住家附近的图书馆会准备好专门为6个月到1岁宝宝打造的读书计划。大部分州政府从小学开始，会针对各个年级制订出一年的读书目标，从低年级开始训练。老师指导学生选择适合自己水平的书籍，有计划地阅读。学生也要撰写读书日志，内容包含简单的心得。老师会不定期抽查成果。

讨论比阅读更重要，讨论能将阅读所得的知识变得更有系统且更深入，成为长期记忆。犹太儿童为了准备哈柏露塔，会自己阅读、进行讨论，同时养成遇到疑问就主动寻找答案的习惯。

犹太父母为了训练孩子掌握希伯来语，晚上睡觉前都会为孩子朗读希伯来语的童书。书是培养孩子的想象力与语言能力的工具，也是对大脑有益的精神食粮，它能给予大脑大量刺激，启动负责分析与理解文字的大脑颞叶、对文字进行可视化处理的大脑额叶，以及大脑其他部分，如感受情感的大脑边缘系统等。

在朗读过程中，孩子如果遇到疑问，应该以孩子能理解的方式回答，任何问题都不应该忽视。不要把朗读当作读书，它是一种游戏，目的是培养孩子读书的兴趣，获得知识是次要的，要让孩子享受阅读的乐趣，而非将读书作为一种洗脑方式。

讨论式课程的最大优点是可以将直线式、片段式思考转变成全面观察各种情况，从不同角度与方向设想的发散式思维。学生直接成为课程主体，发表自己所知的内容，对自己不懂的地方提出疑问，扎扎实实地累积知识。在展现自我立场时，对知识要有正确的理解才有说服力，因此，喜欢讨论式课程的学生会自己设定目标，主导自己的学习。

3 犹太经典《塔木德》是多元解答的汇聚

犹太人的经典有《妥拉》与《塔木德》等。摩西在西奈山

布拉格梅瑟犹太教堂　　**图片提供：汇图网**

上领受刻有"十诫"的石板，并撰写《摩西五经》。经过多年的传承，学者们将其重新整理，编辑写定为现在的《摩西五经》，也就是《妥拉》。

《妥拉》成书后，内容禁止更改，但随着时代变化，将其应用于生活实践时，有许多不合理的地方，因此《妥拉》的诠释也必须与时俱进。早期对《妥拉》的解释与说明以口传的方式流传，成为口传律法，因此没有留下文字。

《妥拉》难以变动，但对《妥拉》的诠释及说明，会依照学者及拉比的意见而有所不同。

学者或拉比会讨论、争论日常生活中该如何实践《妥拉》的精神，关于《妥拉》的讨论随着时间流逝而不断发展，丰富且多样。记录《妥拉》的诠释及论战历史的书，是《密什那》，对《密什那》进行讨论与争论的书，是《革马拉》，两者合起来即为《塔木德》。

因此，哈柏露塔是学者或拉比在不断讨论《妥拉》的过程中诞生的产物。起初《密什那》与《革马拉》禁止以文字书写，为了传播经典，只能以口语的方式传承，这是哈柏露塔的形成背景。

因为对《妥拉》《密什那》《革马拉》的诠释方式不同，产生了各种歧见，经过长时间论战后，逐渐凝聚精要。为了高效率地讨论，需要搭配一名伙伴，双人组合是最有效率的讨论方式，这就是"哈柏露塔"。由此可知，哈柏露塔在公元前就已经产生，已有三千多年历史。

在公元前后一个世纪活动的希勒尔（Hillel）与沙麦（Shammai），针对《圣经》展开许多论战。特别是希勒尔，他的教学方法受到古希腊文化影响，经常使用苏格拉底的提问法，也就是引导学生、让学生动脑的"提问与回答""提出无法理解的问题"等方法。老师使用此种教学法必须具备耐心，

希伯来文古书　图片提供：汇图网

教导的内容也要符合实际需求。希勒尔有80多名弟子，其中，首席弟子就是约翰兰·本·撒该（Johanan ben Zakkai）。

耶希瓦最早是由约翰兰·本·撒该所创建的。在被罗马帝国统治的时期，犹太人为了摆脱罗马的控制，发动了多次起义。第一次在公元66年，但到了公元68年，犹太人不敌罗马军队，大部分土地都被罗马帝国占据，只剩下耶路撒冷。这时，城内的拉比约翰兰·本·撒该认为，毫无胜算的武装起义将使得犹太人招致大屠杀，因此约翰兰散播自己得了黑死病的谣言，躲进棺材里，离开耶路撒冷。后来，他一看见罗马司令官韦帕芗（Vespasianus）将军，便预言他会成为罗马皇帝，并向他要求若预言成真，请他允许自己在乡村建立一所小学校。

公元68年，罗马发生大规模叛乱，尼禄皇帝自杀，继位的加尔巴皇帝、奥托皇帝、维特里乌斯皇帝也先后遭到暗杀或自杀。果真如约翰南所预言的，公元69年，元老院在紧急状况下，拥戴领军镇压犹太叛乱的韦帕芗将军为新一任皇帝。

衣锦荣归罗马的韦帕芗将军遵守与约翰兰的约定，在亚夫内帮助约翰兰设立了最早的耶希瓦。他将征服耶路撒冷的军队交给儿子提图斯（Titus）指挥，公元70年，提图斯攻陷耶路撒冷，展开一场腥风血雨的杀戮与破坏，城中仅存的960名战败士兵躲到马萨达，在公元73年全都自杀身亡，结局令人唏嘘。

约翰兰·本·撒该在亚夫内创建的耶希瓦成为犹太教育的雏形。亚夫内位于耶路撒冷西方约65公里的海岸平原，希腊名称为"雅麦尼亚"。公元90年，曾在这里召开"雅麦尼亚会议"，确立了犹太教《希伯来圣经》正典的书目。从此，开启

了犹太人的义务教育，并借此扫除文盲。犹太人认为，看不见的神能帮助他们发挥想象力与智能。移动式教堂可以自由更换位置，不局限于特定地点，信仰不会受到场所的限制。

公元70年，约翰兰设立耶希瓦后，哈柏露塔开始蓬勃地发展。耶希瓦的学生时常聚在一起讨论与辩论，全心投入研究。学生晚上约有一两个小时与拉比进行提问与讨论，拉比接受他们的提问并回答，激发学生更新锐的想法，因而学生能更深刻地理解知识，结论则由学生自己得出。对于《塔木德》里相同的内容会有不同的解读，没有唯一的答案，让人可以多方面思考，这与在制订好的知识范围内教授学生非常不同。耶希瓦大部分采取哈柏露塔教育，目前世界各地犹太人所在的地方都有耶希瓦，学生在耶希瓦里接受哈柏露塔教育。

犹太人不管面对何种主题，在未经讨论的情况下，不会轻易做出结论，更不会忽视少数人的意见。犹太人有多热爱讨论，自我主张有多强烈，可以从"三个犹太人聚在一起，会产生四间耶希瓦"这句话中窥知一二。在我们的图书馆里，学生大多安静地坐着读书，但犹太人的耶希瓦却比市场还吵闹，在这样的地方真的可以学习吗？秘诀仍在哈柏露塔。

坐在犹太耶希瓦大学图书馆里的人都提高自己的音量，有些学生会移动座位与邻座的学生谈话，在外人眼中看来像是在聊天，但他们其实正在用功读书。每个学生的桌上都堆满了书，与其他人互相提问、对话、讨论和争论。

4 提问与质疑，能不断产生新思维

《塔木德》是一本从未完成，也从未被正式宣布完成的经典。它就如同一棵树，是活着的有机体，已经茁壮成长，虽然本质上不会再有任何变化，固定在某个地方，但对《塔木德》的诠释仍如不断生长的枝叶。《塔木德》持续创造未完成的原理，不断有新的变化产生，也许《塔木德》不会有定稿的一天，但所有学者仍会竭尽所能让《塔木德》的内容更加完备。

伟大的学者已尽可能从所有观点来审视并讨论《塔木德》，包括主题、事由及文章。尽管如此，《塔木德》仍未画下句点，每天、每小时都有学者从新的角度找出新的研究主题。《塔木德》没有局限，因此通过提问、讨论和争论，又能找出新的研究方向。

《塔木德》等的内容大多是论战形成的智慧结晶，是对律法、伦理观念等进行的各种诠释。一个论题会因为不同的逻辑思考引发不同的争论，再坚定的主张也会面临新观点的挑战，

犹太教堂读什玛（shema）祷文　**图片提供：汇图网**

因此对《塔木德》的学习不是填鸭式或背诵式的，谁都可以提出意见，这些意见没有对错之分。

《塔木德》是数千年来，由数十万犹太智者留下的论战记录，里面有律法、警句、寓言、俗谚、幽默趣谈、幻想等，内容涉及存在于人类生活里的所有事物。《塔木德》不会揭示唯一的答案，也会有非主流意见，只要不同于其他人都会被记载。后代人再经由争论，提出另一种见解。

犹太人鼓励学生与老师拥有不同的思想，即便日后确认那是错误的想法，也会给予重视。世界上不存在完美的正解，每个人的意见都相当重要。犹太人对于所有主题都有不同的意见，由此提问并展开讨论，在过程中也尊重别人的意见。犹太社会做决定的过程通常都很混乱，因为犹太人对于任何事情都会展开激辩，他们经常通过讨论解决问题，得出的结果常常会改变世界历史的走向。

与别人不同被认为是有个性，鼓励孩子寻找自己独特的个性是犹太教育的力量。犹太人不会对孩子呼来唤去，而是让孩子做自己想做的事。

我们会背诵圣贤名言，学习理解背后的含义。比如，学习韩国的"四书三经"时，会将书本的内容全都背诵一遍，再试着去解释其中语句的含义。主要目的是了解圣贤的主张与想法，却很少有人对那些圣贤的想法提出反驳与质疑。

犹太人学习《塔木德》时，不是要背诵古代圣贤有何主张，而是要对这些人的见解提出质疑或反驳。犹太人会对他人的主张或意见展开激烈的辩论攻防。

如果有一天我们的教育也发生改变，不妨试着想象一下，当学生对古圣先贤的见解提出反驳或质疑时，那会是怎样的上课情景。

第4章
安静学习 VS 大声学习

> 相同一句话，若由孩子经过思考后表达，就具有积极意义，是完全属于孩子的想法。大人应该成为鹰架，帮助孩子整理想法，而不是将自己的意志强行灌输给孩子。

I "你的想法是什么？"是引发思考的第一步

"安静一点！"这大概是我们在校园里最常听到的一句话。然而"吵死了""不要吵"等维持秩序的话，其实会扼杀学生开口的机会。相反，在犹太学校或家庭里，教师及家长最常说的却是："你怎么想？"犹太人上课时以"你怎么想"开始，也以"你怎么想"结束。

"你怎么想"是非常重要的对话开头，询问对方的意见与想法是尊重对方的表现。家长如果能以这样的方式询问孩子，会让孩子觉得受到尊重；上司若能这样询问下属的意见，会让下属感觉受到重视；教师若能询问学生的想法，会让学生感觉得到了认同。

人都有表达想法的渴望，愿意为了解自己的人付出一切。而了解他人就是指了解对方的想法，想要知道别人真正的想法，最直接的方式就是开口询问："你有什么想法？"

以著作《正义：一场思辨之旅》闻名的迈克尔·J.桑德尔（Michael J. Sandel）教授，在以数千人为对象的演讲中，最常抛出的问题是："你有什么想法？"美国常春藤盟校的教师在讲课时，最常询问学生的问题也是："你们的想法是什么？"世宗大王最常说的话也是："爱卿有何想法？"这些也是犹太人经常挂在嘴边的话。

"大人说话，小孩听话"与"大人提问，小孩回答自己的想法"，两者的内涵有着巨大的差别。老师与家长以说教的方式传授文化及价值观，结果事倍功半；犹太人通过询问去了解子女或学生的想法，让他们尽情发言，无形中向孩子传输了三千余年的智慧成果。相同的一句话，若由孩子经过思考后

表达，就具有积极意义，是完全属于孩子的想法。大人应该成为鹰架，帮助孩子整理想法，而不是将自己的意志强行灌输给孩子。

有犹太人的地方就有喧闹声，他们在课堂上的提问声此起彼落；然而我们的课堂却静如空山。犹太学生对知识的态度相当积极，他们不会全盘接受老师提供的信息，会另外查找资料。若两者相互抵触，便会提出质疑或反驳，甚至会挑战权威。提问是犹太教室的运作核心，对于课程有任何疑问，都会通过提问来解决。他们了解"拖延问题"的严重性，及时提问不但可以节省时间，也会加深对于知识的印象。

犹太孩子的自主性高，不会完全按照别人的指令行事。做自己想做且擅长的，正是犹太孩子的写照。对犹太人而言，"专家"是"在自己擅长的领域做到最棒的人"。犹太人的教育理念是"天生我材必有用"，父母要发掘孩子的潜能，帮助他们尽可能实现自我。犹太人教导孩子：他们最大的敌人是自己，以去除他们与别人竞争后产生的利己主义或个人主义。

父母在与孩子沟通时，应该先聆听孩子的想法，再说出自己的意见，通过讨论达成协议，这样就能帮助孩子选择未来的发展方向。

2 "为什么你会那样想？" 激发孩子的想象力与好奇心

"这篮子里有 2 个苹果，再放进 4 个。那么，现在一共有几个呢？"

"有 5 个。"

听到孩子这样回答，父母的反应通常是："错了，不是 6 个吗？"温和一点的父母，也会告诉孩子："不是 5 个，再想想看是几个呢？"

换成犹太父母会问："为什么你会认为是 5 个呢？"

孩子与父母的这些对话虽然看起来微不足道，却有着极大的差异。这些对话在孩子的成长过程中，会重复数百遍或数千遍。如此一来，可想而知，对孩子的影响有多深。

"为什么会那样想呢？"这样问孩子，能让孩子深入思考自己的话语及行动。如果是"错了""对了"这样简短、武断的回复，只会使得孩子习惯于不思考。当然，改成问"为什么是5个呢？"也是很好的提问，因为能让孩子针对自己的答案思考。

在"你有什么想法"之外，犹太人说得最多的就是："你为什么会那样想？"一旦问"你有什么想法"就不会去评断孩子的回答正确或错误，就算孩子说错了，也是要问："为什么

会那样想呢？"

　　即便对于孩子的回答能够分析出一番见解，犹太人并不会以此为满足，仍然会再深入探讨原因。因为世间万物随时都在变化，并非停滞不前，如果不提出疑问，也不去思考，就绝对无法理解这个世界。犹太人的想象力与好奇心，也正是从"为什么"这样的疑问展开，而提出疑惑，就是创意思考的根源。

3　沟通式学习，使法国以哲学闻名

　　法国人认为学习是通过沟通想法，来使思考更上一层楼的过程。要让思考更上一层楼，需要的就是哲学的底蕴。由于法国人非常重视"沟通的学习"，所以从小就会与其他人讨论自己的想法，并通过与他人沟通，来获得知识并培养思考能力。

　　法国是全世界唯一的高考时考哲学的国家。不管是一般大学还是顶尖的高等专业学院，哲学考试都是必须通过的重要关卡，因此法国学生对其十分看重。

　　法国学生在准备哲学考试时，会举行聚会来进行讨论。他们通常会在咖啡店里聚会，各个年龄的人聚在一起，自由地坐在桌子旁热烈讨论。哲学考试并不要求给出唯一正解。考试的题目可能是："对于已清楚明白的事实，还能再去否定吗？""正常的事物与非正常的事物，有办法划分一定的界线吗？""如果没有神，所有的事情都能被容许吗？"全部都有相对抽象的主题。

基本上，这些题目无法靠背诵单一文本作答。想要应答顺利，就必须和许多人一起，针对各种不同的主题不断讨论，以拓展思考的范围。哲学考试考查学生对于特定主题逻辑性地阐述自己想法的能力。想法不落俗套，有条有理地叙述观点，清楚有力地说明，才能在考试中得到漂亮的分数。

法国学生在讨论时，十分尊重对方的发言，也会展现出聆听的态度。即便与他人意见不同，也不会引起冲突。不仅不会固执己见，也不会在他人发表言论时，随意打断并插话。即便热切渴望阐述自己的意见，也会等轮到自己时才发表。而在等待的同时，会专注地聆听别人的意见，并且参考别人的想法，使自己的思考更上一层楼。

人与人相遇，思想与思想碰撞，就是这样成功的沟通式学习，造就了今日的法国。如果人们彼此不沟通想法，同心协力为发展出更好的思想而努力，法国人就不会像现在一样，拥有世界一流的文化水准。

讨论式教育的背景是沙龙文化。对法国人而言，沙龙不只

是社交场所，也是对话的场合，更是知性讨论的地点，还是社会不同阶层互相认识的地方。无论男女老少，高低贵贱，人人都可以自由进出沙龙。一旦进入沙龙，所有人都处在一个平等的关系中，任何人皆能自由地对话和讨论。

有了沙龙这样的场所，人们得以进行自由且健全的对话与讨论，并且不断与他人沟通，法国才能形成如此卓越的讨论文化。

4 多动身体，大脑自然灵光

只要身体开始活动，大脑就会随之运转。运动能直接刺激突触做出反应，提升突触的强度。通过强化神经的新陈代谢与血管机能等，可以提升突触的可塑性。这也表明运动有助于锻炼读书时必须使用的脑机能，可以提高学习效率。

一项人类研究显示，有氧运动能帮助提升认知及绩效等。有三种情况能提升人类的认知能力：第一，神经元或突触数量增加；第二，形成记忆的海马体内神经的新生能力提升；第三，促进神经元或突触形成的脑源性神经营养因子（BDNF）增加。运动能够同时引发这三种情况。运动本身虽然无法让我们变聪明，却能创造出有利于大脑学习的最佳条件。

　　玩乐是指个人或团体不具特定目的，在轻松状态下探索运动能力的过程，并在此过程中纯粹享受展示各式动作的乐趣。然而发展到特定阶段后，孩子会开始想拿他人的运动能力及决策能力跟自己比较，于是出现游戏。游戏是个人或团体为了达到某个明确目标，通过组织活动及评分，量化比较与竞争的过程。动作是否熟练取决于规划、调整及预测他人与物体行动的能力，因此在大多数游戏中，这三种能力是影响成败的关键。

　　孩子经常在玩乐与游戏时废寝忘食，玩乐与游戏可以激发孩子的好奇心，让孩子从中学到重要的知识与技能。孩子通过没有压力的玩乐或游戏过程，能启动多种感受及行动反应系统。

　　对孩子来说，生活就是活动。我们的身体不断在活动，即使在睡眠中，脑部仍在运转，心脏仍然在跳动，血液仍旧在流，肺也不断收缩与舒张，消化器官依然在吸收养分，神经冲动在脑中高速呈现，病毒与细菌也在人体免疫系统的严格监控下游走，只有死亡才能让人体停止一切运动。换句话说，期望孩子闭上嘴巴、乖乖坐着不动的老师与家长，或许更适合到树林里照顾树木。孩子安静乖巧不是好事，那样并不利于脑部的发展。

哈柏露塔学习法

　　"四肢发达、头脑简单"已经不适用于现在了。美式足球的攻守战术本来就极其复杂，头脑聪敏的人才能在高度紧张的竞赛中记住战术并依照赛场状况灵活地运用它们。研究指出，体力越好的美式足球选手，越能记住战术内容。

　　孩子必须运动。将体育课的时间拿来上主要科目并不能提升孩子的实力。想要解决根本问题，就必须制订合宜的计划，让小脑动起来。缺乏规律的身体活动，孩子的大脑会接收到"小脑神经元没有其他领域的神经元重要"的信号，不重要的神经元将处于被消灭的危机中。如果没有健康、强大的小脑，就难以解开运算过程繁复的数学题目，完成需要缜密思考的写作更是难上加难。

　　某研究团队以芝加哥的中小学学生为对象，深入研究主动学习的优点。研究对象包括比较主动参与课程的班级和被动参与、依赖反复练习的班级。为期四年的研究结果显示，积极参与课程的班级在爱荷华基础学力测验中，阅读与数学成绩有大幅的进步。

　　然而主动学习经常无法顺利进行，不仅是老师授课时间有限、要花更多时间做课前准备，还可能遇到资料不足、学生不积极参与等难题。若能用有创意的学习法提升学生的参与度当然最好，但其实光是在课堂上融入讨论，就能让教室的气氛焕

164

然一新。只要能够提升学生的主动参与程度，就能让学习变得更有成效。

让学生动起来的方法很多，其中最简单的是移动讨论，边走边说比坐着讨论效果更好。可以先定下主题，然后给15~20分钟时间让学生边走边讨论，讨论结束后回到座位上记录心得，再跟其他组员分享。

另外也可以尝试移动式评论的教学，先让学生针对黑板或报纸上的题目写下意见，将这些意见贴在教室墙壁上，然后让学生在教室内自由移动，评论同学的答案。这时可以补充自己的意见，也可以修正同学的意见，评论结束后展开讨论，根据评论过程中出现的各种意见找出最佳解答。

此外，学生觉得注意力无法集中时，站起来伸展身体会有助于保持头脑清醒，不仅对课业有帮助，还能提高专注力。

5 出声学习是一种享受

KBS 电视片《学习中的人类》的制作人郑贤模曾说过，他对学习产生兴趣是因为认识了生为韩国人却以犹太教育方式长大的莉莉。2009 年筹划 KBS《世界探索企划——犹太人》特别

节目时，他在哈佛大学的犹太学生聚会上第一次见到莉莉。在一群犹太人中见到东方面孔，他当然会特别关注。莉莉年幼时便被美国的犹太家庭领养，以犹太人的方式成长，然后考上了哈佛大学。

后来郑贤模见到了莉莉的父母，在访问过程中，了解了犹太人特别的学习方式，接着他将这些内容写成一本书《犹太人的学习方法》。之后他对"学习"和"文化"等话题产生了兴趣，在2013年走访世界各地后，他推出了以学习和文化为主题的节目《学习中的人类》。

《学习中的人类》共有5集，节目最后并没有给出结论，但在介绍犹太人的学习方法的第三集节目却命名为"背诵和发问"，也就是说，犹太人的学习方法同时包含"背诵"和"发问"。

在《学习中的人类》中，有一件在大峙洞数学补习班里发生的趣事：准备考大学的韩国学生和世界一流学府哈佛大学的学生展开一场对决，结果韩国高中生获得了胜利。大峙洞补习班的高中生平均花3分钟就能解开的题目，哈佛大学学生却战斗了10分钟仍然解不开。

我们是否可以说，解开数学难题的韩国高中生比哈佛大学的学生能力更强呢？哈佛大学的学生一致认为，韩国的课程水平太高了，韩国学生需要休息。

当他们询问韩国学生为何要辛苦熬夜念书时，韩国学生的回答是"为了考上好大学，找到高薪工作，认识条件优秀的另一半"。韩国学生着重眼前的大学升学和就业问题。

韩国人的学习方式是不和他人交流，单独学习，典型的场景是在自修室，或是名为"考试院"的个人宿舍学习。或许"考试院"是个很适合"背诵学习法"的空间，但是完全不适合需要找资料、做调查的"创意学习法"。也就是说，韩国教育着重于背诵既有知识。在《学习中的人类》节目中担任嘉宾的 4 位哈佛大学学生都认为，在众多国家的各种学习方法当中，最让人惋惜、最令人震惊的就是"考试院"式学习。在约 5 平方米的狭小空间里，完全不和其他人交流，只独自埋头苦背知识，这对他们来说就像被关进监狱一样。

愈擅长这种孤立式学习的人，愈有机会成为上位者、考上好大学，或是通过司法、行政或招聘考试。经由这样的学习方法而成为指导者的人，往往不懂得如何与别人沟通，完全听不进别人的意见，只坚持自己的主张。若是别人不认同自己的主张，就会提高音量，使用暴力，毫不犹豫采用非法的手段。韩国政治人物就是这种现象的典型代表。

在中国河南省的状元村，学生会在桌上摆满一堆书，然后

一边大声朗读一边学习，朗诵声沸沸扬扬，就像盛夏里有数千只蝉同时在鸣叫一样。"出声学习"是中国人和犹太人的共同点。

韩国的"书堂"也是如此，青鹤洞书堂的学生至今仍会一起大声朗读、学习，随着节奏改变声音的高低，如唱歌般一边摇摆着身子一边学习。"出声学习"会动用听觉、嘴巴和身体的感觉，因此比默念的学习方法更有效果，也不那么枯燥乏味。如果只是一直盯着书本看，而不动动身体、发出声音来学习，生理上会很快感到疲累。独自在考试院或自修室念书的学习方式，是一种"忍受"，而不是"享受"。

第5章
外部动机 VS 内部动机

> 犹太人在大学毕业后的成就更显著，原因就在于他们将学习视为一辈子的事情。在中小学阶段，他们不会做超过自己极限的事，而是挑选自己想做的事，此后一直秉持好奇心和内在动机，不断地勇往直前。

I 强化内在动机，才能发挥潜力

从前人们认为，智商高才能念好书，然而最近的研究发现，动机比智商更重要。智商高的人如果缺乏学习动机，反而容易放弃，或是无法集中精力。

在"智商"和"动机引起的自制力"中，哪个因素会对学

业有更大的影响呢？调查显示，自制力对学业的影响比智商高出两倍。也就是说，强烈感受到"只要忍住目前的欲望，就能得到更大奖励"而展现出自制力的学生，成绩比智商高的学生更优秀，因为动机愈强烈的学生，对事情的专注力愈高，愈能切实拟订计划、忍受挫折、成熟地应付压力。

大部分家长都试图强化孩子的意志力，让孩子可以发挥潜能，但是他们都忽略了意志力要靠孩子自己去培养，而不是靠父母训练。家长总想把孩子拉往自己理想的方向，而不是让孩子去做自己喜欢的事。有时孩子的确会为了父母而念书，但从长期来看，这种情况很难一直持续。

当孩子拥有野心时，潜力才得以发挥。对孩子的大脑发育来说，最好的刺激是"鼓励"。能够开发孩子潜力的，并不只有幼儿益智玩具或道具，利用随手可见的物品和简单游戏，比如锅盖、枕头、袜子、躲猫猫游戏，孩子的潜力也能得到充分开发。许多人误以为，家长必须仔细教导孩子该怎样做事，但这样的举动反而会破坏孩子自己尝试的意愿。

无论做什么事，以内在动机为基础才有力量，可以持久。要想强化孩子的内在动机，就要多多给予孩子自己选择的机会。

父母通常都想替孩子把所有事情做好，不给孩子自行思考与决定的机会，但是唯有让孩子自己思考、判断与决定，孩子才能真正成长起来。

人类会从"选择"和"责任"中得到成长。不管做什么选择，当自己可以负起责任前进时，无论过程艰辛困苦还是简单美好，都会成为生命的养分。

家长要鼓励孩子自行做出选择，帮助孩子为自己的选择负起责任，并坚持到最后。父母必须接受一个观念：亲子间互相协商是理所当然的事情。只有做到这一点，家长才能够践行"给予孩子选择权"的养育方法。

在孩子的成长过程中，要让孩子感受到独立完成的成就感。当孩子完成某件事并得到赞美时，便会成长。家长必须对孩子说："嗯，虽然我可以帮你，但是你必须自己动手。你表现得很棒。"借此给孩子信心，创造让孩子培养好奇心的环境。

另外，家长要以关怀的方式，观察孩子如何探讨与学习；当孩子完成某件事时，要不吝给予赞美。父母应该扮演的角色是，以开放态度从容接受孩子的一切，培养孩子的专长与优点，引导孩子走向正确的道路，而不是费尽心思修正孩子的性格，使其朝某个特定方向发展。当家长接受孩子与生俱来的一切时，孩子便能成长为更独立的人。

鼓励孩子时，应该注重的是称赞孩子的努力和学习策略，而不是赞美孩子聪明。如果在孩子考到好成绩后称赞他聪明，

也许短期内会让孩子开心，但从下次开始，他很可能选择相信自己的脑袋，因而偷懒不努力。相反，如果鼓励孩子的努力，便可以带来正面的影响。家长要告诉孩子，每个人的头脑和智力都可以通过努力变好。当成绩不尽理想时，家长必须鼓励孩子再加把劲，改变策略后再试试看。

② 找到自我动机，学习才有热情

当家长或老师对孩子说"这个要这样做"，"这个才是正确选择"时，孩子会认为："是你这样想，才会提出这样的要求。"

但是假如由孩子亲口说出来，对孩子来说就不是单纯的信息，而会形成一种事实。比如，老师请学生通过调查找出优秀领导者的15项特质。若由老师介绍这些特质，孩子只会被动地听。如果利用小组讨论的方式，让参与者自己总结，学生就可以找出80%左右的答案。如此一来，老师只要说明其余20%即可。比起由老师说出全部的答案，只教20%会让孩子了解得更深入，并且更认同老师的专业水准。

人通常不会深入探究自己的想法，但对需要从自己口中说出来的信息或意见，就会进一步深入剖析。若是需要由自己找到答案、由自己口中说出来，便会相信是事实，而不会感到怀疑。

举个例子，企业讲师与其直接告诉职员业务中需要的点子、概念与技术，不如让职员试着自己先尝试与发掘，然后向其他同事展示。如此一来，展示的内容不再只是一种信息，而会成为事实。由此可以看出，一般人不会怀疑自己找到的信息和意见。这样的方法可以用于技术课程、管理者教育训练以及商业流程管理等，因为参与者更容易找出业务上能直接运用的信息。

人类的大脑会自发性地进行活动，当人强迫自己不要想某件事时反而会一直想起，因为大脑在活动时有抵抗压迫的特性。大脑喜欢自由自在地活动，这样的自发性会激起创意思考所需要的灵感。因此，当大脑中没有任何念头、感到有点无聊时，会比充满想法时更容易进行自发性活动。灵感就会在这个时候浮现。

但并不是发呆就能浮现出好点子，无论是专注力或创意，都来自过去知识的累积。在消除紧张的状态下发挥专注力，才可能进行创意活动，因此需要有安静的时间，才能够专心。当孩子拥有自己的时间、全心投入某件事情，例如沉浸在思考里

或在阅读书籍时，家长最好别干扰孩子。

动机中最重要的是尝试的意志。这个意志不是消极被动的，而是积极思考，并付诸行动往前迈进。孩子自己获得的动机，会让他产生热情，带领他迈向成功之路。但要想迈上这条路，重要的是最终结果带来的奖励。小孩、大人，学生、家长，都喜欢奖励。奖励是外在的东西，不一定是实体物品。当家长对孩子说"你表现得很棒，妈妈以你为骄傲"时，也是一种奖励。

最重要的是，要对有动机的人提出好问题："你有什么想法？"当老板对员工说"我想听听你的意见"时，可以给员工一种"老板想听我的意见，认同我的存在"的感觉，让员工提升自我评价。当员工思索"要怎么回答"时，就会激发出具有创意的点子。

想要诱发内部动机，需要以下三个条件：

第一，要有明确的目标。

第二，在完成目标的过程中，要有即时性回馈。

第三，要有适合各自能力的挑战。

最能满足这三项条件的就是电子游戏。电子游戏里有必须达到的目标，在过程中会实时显现分数，并划分许多等级让人可以进行挑战，因此学生总是容易迷上电子游戏。而能让学生把学习当成游戏来进行的一种方法，就是哈柏露塔。

犹太中学生在国际学生评估项目或奥林匹克数学竞赛中的成绩，比芬兰、韩国或新加坡学生差，但是在大学或研究所中的犹太学生，成绩却相当亮眼，犹太人在大学毕业后的成就更显著，原因就在于他们将学习视为一辈子的事情。在中小学阶段，他们不会做超过自己极限的事，而是挑选自己想做的事，此后一直秉持好奇心和内在动机，不断地勇往直前。

让孩子走向幸福之路的方法，是培养孩子拥有热情去做他想做的事。犹太人尊重孩子的选择和判断，会秉持耐心观察孩子如何创造以自我实现为导向的人生。他们会找出孩子擅长的事物，不断鼓励孩子、给予刺激。

他们在对孩子的出路提出建议时，会非常小心，绝对不会提出某种具体的职业或某个具体的大学，而是让孩子自己观察与思考。如果孩子开口询问未来出路或职业等相关问题，家长就会尽心尽力把优缺点、特色及前景告诉孩子。无论是要培育人才、找出孩子未来的出路，或是让孩子拥有梦想，全都可以用哈柏露塔来进行。

哈柏露塔以学生的好奇心为基础。好奇心是人类的本能，

对孩子来说是一种想要学习的欲望的表现。让孩子拥有好奇心，等于让孩子对许多事物感兴趣，也是让孩子自主学习的一项资源。如果想参与讨论，必须自己先学习，就像律师或检察官一样，为了证明有罪或无罪，要各自寻找信息、进行调查、建立理论架构及搜寻证据。哈柏露塔是持续刺激内在动机的最佳方法。只要让好奇心旺盛的4岁到5岁孩子不断提出问题，就是成功的教育了。

3 有明确理由，学习不会三天打鱼、两天晒网

孩子必须拥有强烈的内在学习动机，才能把书念好，否则无论父母怎么唠叨，也是三天打鱼两天晒网。自动自发投入学习，学习才会持久。如果缺乏内在动机，没有激起持续学习的动力，便无法达到"一万小时的淬炼"[1]。

使孩子自动自发学习的内在动力，来自孩子的大脑。有些

---

[1] 作家马尔科姆·格拉德威尔在《异类》一书中指出：人们眼中的天才是卓越非凡的，但他们并非天资超人一等，而是付出了持续不断的努力。一万小时的淬炼是人从平凡变成超凡的必要条件。

孩子的"大脑奖赏机制"很发达，完成某件事并得到奖赏时，便会产生能量；有些孩子重视自己与他人的关系，有希望获得肯定的强烈欲望，因此只在获得赞赏时才会产生能量；有些孩子的能量很强，会不断以好奇心和探索能力驱策自己前进；有些孩子只要给他目标，他就会理所当然地视为本分，尽心竭力地往前冲。

虽然主动学习比被动学习更有效果，但重点并不在学习本身，而是当学生明白目前的学习有意义时，才愿意对学习投入身体和精神上的能量，才能积极地学习。

所谓"深度学习"，是指自我教育、理解与创造新事物，并寻找隐藏在表象底下的意义。这样的意志从内在欲望产生，同时也会激发欲望。

心理学家爱德华·德西（Edward Deci）和理查德·瑞安（Richard Ryan）在几年前做过一个心理实验，试图寻找动机和奖励之间的关联。他们给24名学生由7个积木组件拼成的索玛立方体①，让他们组合出各种形状。组合这些积木的方法有无数种，但实验时必须一次就组出特定的形状。学生依序来到心

---

① soma cube，由七块形状不同的立方体组成一个每边各三个小立方体的大正方体。通过平移、转动与翻转，总共有240种组合。

理研究中心报到，单独进行这个奇妙又令人着迷的游戏。

学生第一次来时，拿到了四个图案，他们努力利用索玛立方体拼出那些图案。几分钟后，实验人员离开房间，透过玻璃门观看学生，观察在身旁没有人给予激励的情况下，学生可以单独玩多久。桌上摆着《时代》《纽约客》与《花花公子》等杂志来诱惑他们。

几个星期后，学生再次来到研究中心进行相同的活动，只是这次，实验人员将一半的学生分到A组，在拼对图案后给他们奖金。和上回一样，实验人员离开房间8分钟，结果一如所料，不知道给奖金这件事的学生，玩的时间和之前一样久，但是A组的学生则苦苦研究索玛立方体，拉长了玩立方体的时间。

再经过一周，第三次实验所发生的奇妙现象，让人确实看到学校如何抹杀学生的好奇心，以及有创意的人应该如何避开那样的厄运。心理学家告诉A组学生，以后不会再发奖金了。实验人员离开座位8分钟后，在之前实验中拿过奖金的A组学生，突然就失去了组合立方体的热情，投入组合的时间明显减少。而没有得到任何外部奖励的学生，仍像以前一样拼着立方体。

从爱德华·德西和理查德·瑞安及其他社会心理学者做过的许多研究中，都能得出一个结论：外部动机反而会使人失去兴致，尤其是当自己感觉被这些动机操纵时，会更加没有动力。在爱德华·德西和理查德·瑞安的实验中，可以看到获得奖金的学生失去了兴致，但心甘情愿执行任务的学生却依旧坚持不懈。这样的研究结果具有重大的意义。孩子带着期待和好奇心到学校上课，当学校向孩子抛出一堆外部奖励时，会彻底毁掉孩子的内在动机，使孩子在小小年纪就意识到必须用读书获得好成绩，有种丧失自主权及任人操纵的感觉。

成功人士几乎都不是因为外在动机，而是由于找到了内在动机，亦即从自身寻找到必须学习的理由。他们很清楚自己的天资和视野，通过内省找到可以燃烧热情的对象。他们的共同点是，小时候好奇心旺盛，有很多疑问。他们对世界充满了好奇心，无论处于何种领域，都会深入探讨。此外，他们也体验到精神能量的神奇，能在寻求创意的过程中获得喜悦。

他们深知每个人都有自己的个性，也明白为何别人可以享受特别成就带来的好处。虽然偶尔也会受世事折磨而跌倒，但比起执着于学问名声的外部奖励，他们更努力追求单纯学习的快乐、创意能力的成长，以及对社会的参与，因此才能获得成功。这样的人会寻找人生的意义和目的，努力形成自己的价值观，找出可以使生活更有意义的场所和思考方式。

自我管理的人明白教育的主人是自己而非别人，就可以更

接近成功。有机会学习固然是先决条件，但有了机会后，还需要可以持续学习的动机。

4 鼓励孩子努力，不要称赞孩子聪明

如果在孩子的成长过程中，经常给予过分的赞美，孩子除了自己有把握的事以外，就不会再去尝试其他事情。经常被称赞很聪明的孩子，遇到自己觉得无法胜任的事情时，会先断定自己做不到，以致产生退缩的心理，因而连试都不试就直接放弃。连名列前1%的优秀生，也会贬低或无法了解自己的能力，因而感到痛苦。在这种情况下，孩子会尝试比较不受期待或自己能够轻易完成的事情，并且低估努力的重要性，高估父母应该提供的帮助。

家长通常认为，赞美孩子的头脑或能力，可以帮助孩子。因此，一有机会家长便会大力称赞孩子，并以各种方法延续这样的"赞美"，比如帮孩子买玩具、给孩子零用钱或买零食等。

家长都以为孩子从小被称赞很聪明，能使孩子相信自己真的很聪明，即使在学校遇到难解的问题，也不会屈服。他们认为持续给予赞美，孩子的才华就会自己开出鲜艳的花朵。然而

180

事实却有违这样的期待，被称赞聪明的孩子，通常不会勇于挑战和冒险。认为自己天生聪明的孩子，不会重视努力的价值。

斯坦福大学的卡罗尔·德韦克（Carol Dweck）教授曾将学生分成两组，让他们做单纯的益智题目，然后称赞一组："你真聪明。"称赞另一组："你真努力。"接着，让他们挑战第二次测验，告诉他们有两种题目，一种比第一次的题目更难，但如果解开，实力就会进步，而另一种题目和第一次测验一样容易。被称赞很认真、很努力的孩子，90%选择了更难的题目。相反，被称赞很聪明的孩子，大部分选了容易的题目。

为什么会出现这样的现象呢？称赞孩子"你很聪明"时，孩子会认为自己应该挑战"看起来很聪明"的游戏，因此不会冒险挑战可能会失败的游戏。他们认为自己应该挑选简单的题目以获得好成绩，才能让别人看见自己的聪明。

第三次的测验对孩子而言，是非常困难的题目。接触到这个题目的孩子，出现了非常不一样的反应。被称赞很努力的孩子，认为自己在第三次测验中会失败，是因为精神不够集中。这些孩子认真解题，试图寻找各种解决方法，还有许多人说自己很喜欢这个题目。但是被称赞很聪明的孩子觉得自己会失败，是因为不够聪明，他们在接触到题目时甚至紧张得冒汗。

在第四次测验中，卡罗尔·德韦克教授给了与第一次测验同

哈柏露塔学习法

样简单的题目。被称赞很努力的孩子比第一次测验进步了30%，但是被称赞很聪明的孩子，成绩比第一次测验退步了20%。

这个实验在分组时并没有考虑孩子实际的智商，而是随机分组。即使如此，还是出现了这样的结果。假如孩子持续被赞美智商很高、很聪明、头脑很好，孩子就必须证明自己很聪明，因此很有可能会避开他认为不会有好成绩的题目，不愿意去挑战。很多人认为智商是先天形成的，不可能改变，就算努力，也无法改变遗传的结果。但是如果赞美孩子"你很努力"，孩子就会集中精力在自己能做的事情上。

如果强调"努力"，孩子会觉得自己可以掌控自己，相信自己可以成功。但是如果强调"天生的智商"，孩子会觉得无法掌控任何事，没办法形成可以应付失败的对策。相信智力是成功秘诀的孩子，自然而然就不会重视努力的重要性，因为他们觉得只要脑袋聪明，就不需要努力。

5 深入了解自己，才有向前的动力

在经历失败和挫折后不放弃，反而加倍努力不断尝试，这样的能力对人类来说非常重要。像这样可以不屈不挠地面对失败的人，即使跌倒了也会再站起来，就算一直延迟满足，也不会失去动力，会一直前进。这样的毅力不仅受到明确的意志驱使，也是大脑神经回路掌控下的一种无意识反应。换句话说，孩子的大脑在小时候受到何种刺激、形成何种潜意识，都会影响自身毅力和延迟满足能力的形成。如果孩子任何事都由妈妈帮忙，提出任何要求父母都答应，就算想培养孩子延迟满足的能力，也无法成功。

如果不让孩子从小就尝试"失败后再挑战"，大脑便不会形成这样的神经回路。我们的大脑必须通过练习才能拥有"即使遇到挫折，也要排除万难前进"的能力。孩子若在成长过程中获得太频繁的奖励，哪一天奖励消失，孩子便会中途放弃，无法培养出毅力。经常受到称赞的孩子会染上"赞美瘾"，在没有称赞的情况下，就不会想要挑战。

即使孩子在家里常常受到赞美，上学后也不一定能够获得赞赏，长大进入职场后，更是难以听到称赞。如此一来，孩子会对责备、指摘与批判话语变得非常敏感，甚至无法忍受，日后有很高的概率会陷入挫折和失败中，变得再也不敢挑战。

如今，赞美已被教育界当成包治百病的"灵丹妙药"，整天没陪在孩子身边的家长，一回到家就开始称赞孩子，试图用赞美、零用钱及礼物来安抚孩子，消除自己没能陪伴小孩的愧

疚感。

"爸爸和妈妈为了你而活""爸爸和妈妈相信你""爸爸和妈妈永远站在你这边",家长总是拼命寻找最好的学校,将孩子推进竞争激烈的环境中,然后为了稍微缓和紧张压抑的心情,不断给予孩子赞美。父母心中明明有许多期待,却将其隐藏起来,表面上赞美孩子,但并非出于真心诚意,因此内心的期望和外在的称赞是两条平行线。

家长如果通过称赞来介入孩子的学习,就等于提前告诉孩子答案,这样会剥夺孩子自行判断的机会。当家长赞美孩子,比如称赞孩子乖巧,就是对孩子的行为提出自己的评价和目标,如此一来,会将孩子拉向自己期望的方向,孩子会变得无法自行判断、思考及做决定。

好学生不会执着于取得优异的学习成绩或名声,而是会把主要目标放在培养精神能量上。他们了解自己,清楚知道自己的独特天赋及经验价值的重要性。他们愈了解自己就愈有自信,并懂得认同别人的特殊才能和成就。更重要的是,他们会去寻找可以赋予自己动力的方法。

身为最卓越教授之一的保罗·贝克(Paul Baker),总是引导学生开创与众不同的未来。学生在与教授的互动中了解自己,并从这个自我觉醒的过程中学习创造和成长的方法。他引导前来听课的学生追求自己想要的人生，审视自己的内心世界，探索自己是谁、拥有什么，善用自己内在的力量。

保罗·贝克教授主张，要先学习了解自己，再找出可以刺激自己、具有创意的精神活动，才能够拥有创意。要揭开事物的每一面，寻找内在本质，探索可能性，热情地勇往直前。

如果想学习一件事，就必须努力不懈地勇往直前，深入探索，提出疑问，不计成败地往前走，并拒绝最容易想到的答案，因为这个答案可能是最普通、最常见的答案。要先推翻这样的答案，才有机会探索新的答案。

按照保罗·贝克教授的看法，经常和父母聊天的孩子，智力会比其他孩子高出 1.5 倍。归根结底，父母的话语是最好的语言教材。父母和孩子说话时，会提高音调、带有节奏感或是拉长发音，这样的口吻对只能发出高音的孩子来说，听起来很有亲切感，并且容易跟着模仿。3 岁左右的孩子，如果经常和父母说话，智力会比只说例行话语的孩子高出 1.5 倍。哈佛大学研究团队也提出了一个名为"爸爸效果"的理论。理论显示，和爸爸一起吃饭的孩子，语言能力会比没和爸爸一起吃饭的孩子高出 10 倍。

6 冲突也是一种强化意志力的沟通

当孩子在学校考到 100 分时，一般家长会说"考了 100 分好棒"，犹太家长则会说："妈妈看到你为考到 100 分努力的模样，真的感到很骄傲。"犹太人会将重点放在"为了考到 100 分，平常所做的努力"，而不是"考到 100 分的最终结果"，这么做可以让孩子不会对 100 分感到有压力，反而会认为自己平常必须更努力才行。赞美"最终的结果"，只会让孩子执着于最后的结果。

告诉孩子"吃电灯泡"或"和鲨鱼一起游泳"很危险，孩子其实无法感受到问题的严重性，因为孩子没有过往的经验可以调动，所以无法感受到哪种危险。孩子需要比大人花费更长的时间，才能明白和鲨鱼一起游泳是不对的行为。就算青少年的大脑可以进行抽象思考，也无法拥有抽象的感受。因此，当霸凌者欺负其他同学或揍人时，由于没有挨揍的经验，孩子便无法感受到被打的人有多痛苦。就算对孩子说："你为什么要这样做？你不知道这会带给别人多大的痛苦吗？"孩子也无法感受到那份痛苦，至少在孩子拥有足够的人生体验和痛苦经验前是不可能的。

他们就像那些在烦恼是否要上大学的人一样，会在自己的认知范畴里思考整个情况，斟酌最后的决定。

　　长期来看，在青少年时期和父母有过适当的冲突，会比完全没有或过于频繁地发生冲突更好。有 46% 的母亲认为争论会破坏关系，将女儿的挑战视为压力、混乱和不敬。她们认为吵架总是愈吵愈凶，所以是有害的事。然而，只有 23% 的女儿认为争吵会破坏关系，更多的孩子相信，吵架可以加深彼此的感情。

　　试想在夫妻关系里，新婚时期是会常常吵架，还是完全不吵架呢？所谓"雨后地更实"，彼此要有冲突，关系才能深入长久，在争吵以及后续解决问题的过程中，双方能分享彼此内心深处的想法，会变得更了解对方，更能理解对方的感受。

　　有一种父母会制订规则，要求孩子遵守，但是在这个过程中，依旧保有弹性，在这种情况下，孩子便不容易说谎。虽然家长认为和孩子吵架会破坏关系、带来伤害，但多数青少年认为那可以带来建设性的影响。

　　家长和孩子吵架时，生气的人通常不是孩子，而是父母。父母总是想避开那样的争吵，但孩子却认为那是很自然的一个过程。如果孩子很听话、很顺从，家长可能会觉得很开心，但从精神层面来看，却不一定是好事。愈是无法说出心里话的孩子，愈容易忧郁，日后愈有可能闯下大祸。

人生必须经历苦难，才能明白何谓幸福与成功。经历过苦难，才能拥有意志力，看到生活困顿的人时，也能产生同理心。

7 能训练专注力的哈柏露塔——心智工具课程

幼儿教育中，有一门称为"心智工具"的课程，通常，实施这种课程的幼儿园，教学环境会比其他幼儿园更单纯。心智工具课程由丹佛大都会州立学院的埃琳娜·波德罗娃（Elena Bodrova）和德博拉·莱昂（Deborah J. Leong）博士开发，她们让孩子学习一年这个课程，然后去参加国家级考试，结果相当惊人。

参加心智工具课程的孩子，几乎都展现了领先国家标准一个年级的程度。接受一般教育的幼儿园学生，只有一半被评为"熟练"等级，但参加心智工具课程的孩子中，有97%达到"熟练"的程度。参加心智工具课程的孩子，在标准学力测验中，排名全国前14%；被称为资优生的孩子，几乎都来自心智工具课程班级。

更惊人的是除了成绩提高，孩子们的行为和态度也有了转变。教授一般课程的老师，几乎每天都会遇到严重影响上课秩序的问题儿童，有些孩子会踢老师、咬老师、满口脏话，甚至丢椅子，然而在心智工具课程班级里，看不到这样的现象。

以课程"消防局的游戏"为例，开始上课时，老师会告诉小朋友，从现在开始要玩"消防局"游戏。在第一周先学习消防员的相关内容，然后将教室分成四个区域，一区是消防局，其他区是需要救援的住家。让孩子自己挑选想扮演的角色，例如消防车司机、119 接线员、消防员或需要救援的民众等，再告诉老师。

接下来，孩子在老师的帮助下，拟订个人的"游戏计划"，按照自己挑选的角色画出自己的模样，并在纸张空白处写下一件自己有能力做到的事。还不太会写字的孩子，可以用自己知道的图案或记号表示。

订好计划后，孩子要根据计划扮演自己的角色。游戏进行45 分钟，孩子在扮演角色时，能赋予自己持续进行游戏的动力。如果有孩子注意力不集中或是发生争执，老师可以问孩子："这件事是在你的计划里吗？"下一次上课时，再玩一次相同的剧本，但是要让孩子选择扮演不同的角色。老师要使游戏顺利进行，但是不要直接教导孩子该怎么做。

当游戏快要结束时，老师就播放"打扫歌曲"给孩子听。孩子一听到音乐，要立刻停止游戏，开始打扫教室，这期间老

师不用说任何话。接下来，让孩子找一个同伴面对面坐下来，进行"和同学一起阅读"的活动。一个孩子拿着画有嘴巴的纸，对面的孩子拿着画有耳朵的纸张。拿着嘴巴图案的孩子一边翻书，一边说出自己在图画书里看到的故事，拿着耳朵图案的孩子在听完故事后，要开口询问故事的相关问题。然后让两个孩子互换角色，再进行一次活动。

这个课程为什么可以获得良好成效呢？原因就在于孩子制订了游戏计划，以及以此计划为基础展开了长时间游戏。

几乎全世界的幼儿园都会玩消防员游戏，但是一般只会玩10分钟，而且只玩一项活动，就是拿假的消防水带熄灭假火。在玩这个游戏的时候，孩子的注意力很容易被其他孩子做的事吸引，转而开始玩别的新游戏，因为时间愈久愈需要其他的刺激。玩游戏最有趣的地方，就在于不可预测，因此，单调的游戏无法让孩子一直玩下去。

在心智工具课程里，将教室不同区域设定成不同舞台，并要求孩子扮演好自己的角色，能使游戏更加细腻、有更多的互动。孩子可以扮演在家打119的民众、接电话的119消防员，或是出去执行任务的消防车司机等角色，使游戏更有深度、更成熟，拥有更多样化的层次。

心智工具课程的核心目标之一，在于让孩子保持专注力。

家长通常都会教导孩子必须专心听老师的话，因为他们认为若是注意力分散，便无法好好学习。然而心智工具课程强调的是另一面，认为孩子只要专注在自己选择的活动中，就不会分散注意力。孩子能完成自己策划的角色，便是养成了专注力的证明。

20世纪50年代，俄罗斯做过一个著名的实验，实验人员让孩子尽可能长时间地站着不动，那些孩子只坚持了2分钟。他们让第二组受测者像军人站岗一样站着不动，结果孩子坚持了11分钟。第二组时间持续得比较久的原因在于，"假想游戏"比较有趣。当孩子选择自己有兴趣的游戏时，就能赋予自己成就动机[1]，而这样的成就动机能让孩子学会自我管理。

心智工具课程的最终目标不只是让孩子行为端正，而是要培养出懂得自我管理和能进行自我导向学习的孩子。在新墨西哥州，实施心智工具课程的班级用了3个月的时间，便收到了成效。以往一个月会发生40件以上的事故，在实施这个课程后减到了0件，这是上心智工具课程的孩子学会了自我控制、不再散漫的缘故。

---

[1] 个人追求及完成自己认为重要或有价值的工作，并欲达到完美的一种内在推动力。

　　这个课程也受到神经科学的强力支持。大脑额叶具有预测、计划、冲动控制，以及整合思考以完成目标等功能。虽然"执行"相对来说是属于成人的能力，但孩子在学龄前阶段就已经开始发展此项功能。在这个时期形成的执行功能，会成为一生执行力的基础。

　　游戏是孩子的职业，是孩子学习生活技能、发展兴趣爱好最有效的方法。专注力是自我控制的第一阶段，经过儿童时期的前半个阶段后，专注力会持续进步，到了十多岁的后半个阶段，就会达到成人的水平。

　　游戏中最重要的，是让孩子遵守游戏规则。比如，玩"医院"游戏时，就必须像医生或护士一样行动，不能再像小孩子一样任性。这样一来，当孩子长大成人后，就能通过童年时期的游戏经验，学会控制自己的行动，以实现自己的目标。

　　培养"自己保持专注的能力"，是心智工具课程的核心目标之一。这个课程的理念是，孩子只要专注在自己挑选的活动中，就不会变得散漫。在这样的课程中，孩子可以同时思考许多事，学到理性处理问题的方法。

　　"反省思考"中的"反省"，是指与自己的内在对话，是详细检讨相反方案会有什么结果的过程。这种经过思考的对话，与未经思考就行动的冲动反应截然不同。大人有充分能力可以检讨与分辨自己脑中的各种想法，但孩子没有足够的能力可以聆听自己内在的声音，并做深度的思考。

心智工具课程就是帮助孩子自己思考、学习聆听内心声音的课程，让孩子在上课时也能自己调整注意力，而不会做出冲动性反应。

心智工具课程会先教孩子大声说出脑海里的声音，这项活动可以鼓励孩子使用自己的语言。这时孩子会在活动中自言自语。自己问问题，自己回答，就等于是在实行哈柏露塔学习法。

在心智工具课程里，会让孩子和同学一起看书或写字，从同学身上学习，也教导同学。孩子两人一组练习写字，写完后，互相挑出对方写得最漂亮的字圈起来。若是其中一个孩子挑选得太快，另一个孩子就会发牢骚。通过这个活动，孩子就能经历社会化过程，培养退让与等待的能力。

Part 3

在实际生活中应用哈柏露塔

　　《塔木德》里说："从朋友或同学
身上学到的东西，比从老师身上学到的
东西更多。"

第 **1** 章
该如何进行哈柏露塔课程?

发问者要提出问题和反驳来进行攻击,回答者则必须以逻辑和证据进行防守。"攻"和"守"的角色可以进行一轮后再互换,也可以中途交换。

▍将哈柏露塔导入教学

要将哈柏露塔导入学校教学,首先,老师必须坚信哈柏露塔是最理想的学习方法,并且不断在教学中实践。老师可以和其他老师或朋友定期举办聚会,进行提问、讨论与争论。当老师熟悉哈柏露塔的运作方式后,在学校上课时自然而然就能采

用哈柏露塔教学，在家也能和孩子以哈柏露塔的形式互动。

要在课堂上运用哈柏露塔，方法有许多种：可以定期举办读书会、制订主题进行讨论、分组讨论教学内容，或是在观赏电影后讨论感想等。

当老师体会到哈柏露塔是最理想的学习方法后，接下来要使学生真正了解哈柏露塔。如果只是老师单方面进行哈柏露塔教学，学生会感到惊慌失措，不明白为什么要这样上课。一直习惯听课或自修的学生，对哈柏露塔可能感到陌生，甚至产生抗拒的心理，尤其是即将升大学的高中生，在面对一个有别于以往的学习方式时，可能会感到不安和恐惧。

因此，老师必须让学生明白哈柏露塔为何是最理想的学习方法。老师可以采用哈柏露塔，使学生以相同时间学习相同的内容，之后再进行测验，让学生亲自见证效果，这样可以坚定学生的信念。

要将哈柏露塔导入学校教育中，最容易的方法是让学生教导同学。老师先用以前的授课方式讲课 30 分钟，剩下的 10~20 分钟，让学生试着去教导其他同学。就一堂课来说，如果老师授课 30 分钟，小学将剩下 10 分钟，初中会剩 15 分钟，高中则剩 20 分钟。在这段时间里，老师可以让学生两人一组，互相讲解刚才的讲课内容。

当然，如果能整堂课都以哈柏露塔方式教学是最好的，但是要在短时间内完全改变上课方式非常困难，况且老师和学生都还不熟悉这种方式。因此，把部分上课时间拿来让学生教导同学，是最容易转换成哈柏露塔教学的方法，因为这个方法不需要另外做准备。

老师可以按照以往的方式教学，只要压缩讲课时间即可，剩下的时间让学生两人一组，将刚才的课程内容解释给同学听。在这 10~20 分钟里，学生轮流说明。被指导的同学不能只是听，必须在中途提出问题，通过问答的方式达到互相指导与学习的效果。

这个方法看似单纯，却非常有效率。让我们来看看它的几项优点。

第一，老师或学生都不需要另外准备，就能把哈柏露塔应用到课堂上。老师只要压缩教学时间，而学生只要将老师的上课内容重新解释一遍就好。

第二，学生必须专心听课。学生要专心聆听老师授课的内容，并加以消化，才有办法说明。若在听课时发呆或打瞌睡，就无法解释给同学听，这么一来，对自己或同学都会造成损失。

第三，当学生将学到的内容讲给同学听时，能同时复习与摘

要，并了解自己理解的程度。如果只是单纯听课，没多久就会忘记，一天后可能就只剩下不到5%的记忆，因此需要不断地复习。

根据艾宾浩斯的"遗忘曲线"，初期的遗忘率相当高，因此，老师上完课后，学生立即互相教导与说明，就能把遗忘比例降到最低。学生在彼此指导的同时，也能了解自己的理解程度。

第四，教导同学的同时，自己会留下90%的记忆。"教导他人"的学习效率最高，可以将所学内容真正消化成自己的东西。

第五，聆听说明的人在过程中不断发问，被问的一方可以明确知道自己漏掉了哪个部分，发问者也能厘清不明白的地方，收到学习成效。

第六，一边讨论一边学习是一种既主动又愉快的学习方式。当学生向同学说明老师的授课内容时，可以说说笑笑地讨论。如此一来，学习过程将会变得愉快又有趣，同时也能刺激学生的求知欲，强化学习动机，变成一种自我导向的学习方式。

第七，可以增进同学之间的友情。当学生一直看着教室前方听课时，很难和邻座同学培养情谊。一般人都会认为同学是竞争者，是必须击败的对象，但是实施"教导同学"的哈柏露塔课程后，同学之间的情感会更加融洽，变成相辅相成的关系。他们不管学习什么内容，都可以互相教导与协助。

第八，老师在课堂上会有10~20分钟的空余时间。当学生两人一组进行说明时，老师不用上课，只在教室里巡视，回答同学的问题，或是帮助不知该如何进行的学生。老师将会更轻松，学生则会学习得更热烈。

除了上述几点，"教导同学"的学习方式还有许多优点，包括让教室氛围变得更活跃，充满活力和朝气，不会再有学生上课时打瞌睡或发呆的情况。

有的老师担心若是导入这个方法，学生会趁机聊天，说一些与课程无关的话题，但是哪怕学生胡扯瞎扯，也好过学生在老师讲课时发呆或打瞌睡，因为学生在说说笑笑的同时，积压在心中的情绪便能得到纾解，和同学的感情也会变得更深厚。

2 以提问为重心的哈柏露塔课程

以提问为重心的哈柏露塔课程，是先让学生看完教材内容后拟出题目，再和同学进行一对一讨论。两人一起挑出最好的题目，把这道题目作为小组讨论的题目之一，小组成员再一起

挑出最好的题目，针对题目集中讨论后展示，再由老师做最后的总结。

在整个讨论过程中，老师要事先通知学生转换阶段的时间，可以利用光束、铃声或钟声预告，以进入下一个阶段。

拟订题目　　两人讨论　　小组讨论

展示　　老师提问

- 阅读教材后，拟订题目。

- 对上一阶段拟好的题目进行分类。

- 两人一组针对题目进行讨论。

- 讨论后，两人一起挑出最好的题目。

- 针对上一阶段挑出的题目，进行小组讨论。

- 挑出最好的题目。

- 针对该题目进行讨论。

- 统整讨论的内容。

- 各个小组进行展示。

- 和老师做最后的讨论。

以提问为重心的哈柏露塔教学过程是：拟订题目→两人讨

论→小组讨论→展示→老师提问。这是基本雏形，但可以有各式各样的变化，只要把教学重心放在提问上，都属于哈柏露塔的范畴。

（1）拟订题目

让学生彻底阅读教科书或教材后拟出题目。最好在家里事先拟好题目，如果没完成，可以另外给学生时间拟订题目。

根据学生的程度和年龄，指定 2~20 个主题范围。如果有充分的时间，可以增加数量；如果时间不够，也可以让每个学生从中各选出 2~3 个题目。

当训练进行到某种程度后，可以让学生在拟题目时，根据内容、深度、应用、理解程度等区分题目类型，也可以利用便利贴，让学生将题目写在便利贴上，进行讨论时会更方便。

视情况需要，可以按照便利贴上的题目内容、深度、应用、理解程度等条件，区分题目类别后贴在白板上。

（2）两人讨论

拟好题目后，就是进行哈柏露塔的时间，亦即两人一组互相发问、回答与反驳。可以轮流发问，或一个人发问完毕后，再换另一个人。听完回答后，可以提出延伸的问题，针对该

问题再进行讨论。延伸的问题愈多、讨论的时间愈长，愈有正面的效果。分成"攻"与"守"两方来进行讨论，也是不错的方法。

发问者要提出问题和反驳来进行攻击，回答者则必须以逻辑和证据进行防守。"攻"和"守"的角色可以进行一轮后再互换，也可以中途交换。

等提问和回答告一段落后，两人要从所有题目中，协商出一个最好的题目。所谓好题目，必须是独树一帜、可以引发激烈讨论，并能引发各种想象的题目。

(3) 小组讨论

这个小组的人数以 4~6 人最为适合。原本是两人一组，新组由 2 个或 3 个两人组构成。如果成员是 4 人，会有 2 个题目，如果成员是 6 人，会有 3 个题目。将两人一组时挑出的题目，拿来让小组成员一起讨论。每个人再针对问题彼此提问、答辩、反驳、再提问，以这样的方式自由运作。

讨论的同时，要从大家挑出的题目中，选定一个最好的题目再讨论。讨论得愈深入愈好，如果有需要，利用计算机或手机来搜寻资料也无妨。

当小组成员挑出最好的题目并讨论完后，大家一起整理最后的内容，并简单做出摘要，准备展示。

（4）展示

由一个人展示小组挑出的题目和讨论内容。每一组都要展示并互相分享。老师聆听学生发表的内容时，要掌握学生的想法中哪些部分不够充分，以及应该加强哪些部分。

（5）老师提问

在这个阶段，老师必须和所有学生进行提问和讨论。老师必须以提问为主，刺激学生思考，引导学生回答。

老师要针对学生挑出的题目及无法解决的问题再度提问，引导学生自由表达自己的想法。在这段时间里，老师要提问学生必须学会的内容，帮助学生有条有理地开口表达。

3 以争论为重心的哈柏露塔课程

以争论为重心的哈柏露塔课程，是先决定讨论议题，以议题为中心，两人一组进行讨论，然后再进行小组讨论。可以利用猜拳或协议等方式，分为赞成和反对两方。学生要先在家

收集己方资料，可以通过网络或报纸来查找，或是询问父母的看法。

接着两人一组，讨论各自收集到的资料，两人通过争论，决定站在正方或反方的立场，再到小组里讨论。小组成员再一起讨论要站在正方或反方立场，并统一整理所有的依据和资料，决定小组立场并整理资料后进行展示。最后由老师提问。

在争论的过程中，老师要事先通知学生转换阶段的时间，可以利用光束、铃声或钟声预告，以进入下一阶段。

- 决定讨论的议题。

- 分成赞成和反对两方。

- 根据选定的立场，尽量多地收集资料。

- 两人一组进行争论。

- 争论后，决定两人选择站在正方或反方。

- 在小组里讨论每个立场的意见。

- 决定小组要站在正方或反方。

- 统整小组的立场依据。
- 每个小组发表自己的立场和依据。
- 和老师做最后的讨论。

以争论为重心的哈柏露塔教学过程是：收集议题资料→两人讨论→小组讨论→展示→老师提问。这是基本雏形，但也可以有各式各样的变化，只要把课堂教学的重心放在"争论"上，都属于哈柏露塔的范畴。

(1) 收集议题资料

"讨论"和"争论"有什么不同？两者都有个"论"字，"论"在字典里的意思是"分析和说明事理"。字典对"讨论"一词的定义是"就某一问题交换意见或进行辩论"。对"争论"一词的定义是"各执己见，互相辩论"。所谓"议论"，是指"对人或事物的好坏、是非等表示意见"。

因此，"讨论"是指"针对一个主题，众人互相交换意见"，"争论"是指"针对一个主题，提出自己的主张并尽力坚持"。"讨论"不是争辩，但"争论"属于争辩。"争吵"和"争论"又是不同的。"争吵"是单纯的吵架，"争论"是以论点为中心进行争辩。提出各自的意见，分享不同的看

法，是属于"讨论"；针对论点提出意见来争辩，是属于"争论"。然而不管是"讨论"或"争论"，都和吵架不同，这一点我们必须懂得区分。

在两人一组进行发问、对谈、讨论与争论的哈柏露塔学习法中，层次最高的阶段是"争论"。"争论"是指立场相反的两方根据自己的论点进行争辩。哈柏露塔中的"争论"，可以从小学高年级开始进行，或是从初中开始正式实施。

近来大众不太使用"争论"和"讨论"的说法，而是直接使用"辩论"一词，意思是意见不同的人，按照一定的形式、规则，针对议题进行讨论。在针对某个具体议题展开的各类讨论形态中，特别将具有"明确形式"的讨论，称为"辩论"。也就是说，让参与者分成两派，选择可以提出赞成和反对意见的主题，按照规定好的顺序和时间进行讨论。

辩论是针对某个主题持有明显正反意见的人，各自提出合乎逻辑的主张，并证明自己的主张正确。进行时要证明并批判对方的主张在逻辑上有矛盾之处，并找出错误的依据及不当的举例等，这是一种从逻辑上证明自我主张的智力游戏。因此，"辩论"是培养批判性思维最有效的教育方法。

以争论为主的哈柏露塔教学方式是从教科书或教材中挑选议题，或以学生平常感兴趣的话题为议题，让学生两人一组进行争论，接着再进行小组争论。这里所谓的"议题"，是指可以划分出正反两方的"争论点"。在两人一组的阶段，先决定彼此要代表正方或反方，此时可以利用猜拳来决定，猜赢的人先选择，猜输的人就持相反的立场，也可以利用协调方式来决定立场。

最重要的是，要彻底研究议题，通过各种资料整理出对自己立场有利的根据。小学高年级以上的学生，最好标示出自己的论据的引用出处。

只要具有相对立场、可以进行争论，任何议题都可以入选。此外，议题必须符合学生的程度，下面罗列几项以供参考。

- 在生活中，IQ 比较重要，还是 EQ 比较重要？
- 是否有必要使用国货以振兴国家经济？
- 是否有必要全面实施免费营养午餐？
- 学生是否该穿制服？
- 学校是否应该允许体罚？
- 学校是否应该废除考试制度？
- 男女同学是否有必要在教室里一起上课？
- 星期六是否该上学？
- 所有的学校是否有必要成立资优班？

- 针对 0~2 岁的幼儿，是否有必要实施免费教育？

- 是否该限制补习班的运营时间？

- 是否该管制学生打游戏的时间？

- 是否该禁止施暴或霸凌的学生来学校上课？

- 是否该禁止学生打暴力游戏？

- "努力做梦，终会成真"，这句话是不是迷信？

选好主题后，再通过网络收集资料，整理自己的想法，明确立场。在网络上搜寻时，先利用关键词搜索新闻报道，因为这些都是擅长写作的记者所写的文章，可以从中看到关于赞成和反对的论点，以及记者又是如何做逻辑性描述的。收集资料的方法很多，可以通过网络搜索、阅读书籍，或是询问专家等。

（2）两人讨论

在这个阶段里，要以收集到的资料为依据，两人一组进行哈柏露塔。也就是说，轮流提出主张、发问、回答和反驳。由一人先提出自己的主张，另一人针对该主张提出质问。受到对方的质问和反驳时，要以自己收集到的资料为基础来防守，建立一套逻辑体系。或者也可针对议题分成"赞成"和"反对"

两方来进行。

　　争论到一定程度后，两人再讨论要选择"赞成"或"反对"的立场，选好立场后再备妥相关资料。

（3）小组讨论

　　由4~6人组成一个小组，把两人一组时选择的立场，拿到小组里。大家一边审查每个主张的依据，一边展开争论。通过发问、反驳和争论找出最适当的依据，若有需要，也可以利用计算机或手机搜寻资料。

　　进行一个段落后，大家一起决定小组要站在什么立场，再强化相关资料和依据。决定好立场后，要一一整理出支持该立场的依据，将小组立场和争论内容做简单的摘要，以准备展示。

（4）展示

　　在这个阶段，小组成员要展现经过争论后选择的立场，并简单提出支持争论内容的依据。先由一个小组报告，再让持相反立场的小组报告，其他站在正方或反方的小组，如果有需要补充的，再进行报告，否则可以不用展示。最后要统整支持己方立场的论据。老师聆听学生的展示时，要掌握学生的想法中哪些部分不够充分以及应该怎样补充加强。

（5）老师提问

　　听完学生在争论中提出的立场和根据后，老师不要急着打分数或说明，而要通过发问刺激学生思考，并指出学生在争论中遗漏的部分。老师要针对学生的争论内容及无法解决的部分再次提问，引导学生自由表达想法。在这段时间里，老师要提问学生必须学会的内容，激发学生的思考。

4 以比较为重心的哈柏露塔课程

　　以比较为重心的哈柏露塔课程，是先从教科书或教材里选出要比较的对象仔细调查，接着挑选题目，再以题目为基础进行各式各样的哈柏露塔课程。"比较"会激发"讨论"与"思考"，讨论并对照相似点与差异点，能刺激大脑进行多角度思考。

　　犹太人重视的是"成为和别人不同的人"，而不是"成为比别人优秀的人"，更有一句话说："比较兄弟的脑袋会害死两人，比较兄弟的个性会救活两人。"正如犹太格言所云，应该尽量尊重孩子的个性，让孩子顺其自然地发展。自己与别人不同的地方，就是个性；犹太人的教育特色之一，就是"尊重个性"的教育理念。

比较的对象若选得好，就能促进学生思考，使学生产生好奇心。举例来说，可以比较西方肖像画和东方肖像画的相似点与不同点，或是调查每个国家类似的童话故事，找出其中的差异。这些都是十分有趣的题材。

以比较为重心的哈柏露塔教学，是选出比较对象，调查比较对象的各种信息后拟订题目，以该题目为依据，经过两人一组的讨论和小组讨论后再展示，最后由老师向全体学生提问。

- ▪ 选出比较对象。

- ▪ 彻底收集比较对象的相关资料。

- ▪ 拟订题目。

- ▪ 从内容、深度、应用及理解程度等角度给题目分类，决定题目顺序。

- ▪ 两人一组进行讨论。

- ▪ 在上一阶段里，挑出 1~3 道题目。

- 4~6 人组成一个小组，一起讨论上一阶段挑出的题目。

- 挑出最好的题目，集中讨论。

- 展示题目和讨论内容。

- 老师针对学生挑出的题目，提出符合相关概念和主题的问题。

以比较为主的哈柏露塔教学，基本雏形是选出比较对象→查找资料、拟订题目→两人讨论→小组讨论→展示→老师提问。只要可以进行比较，任何对象都可以成为这个课程的题材。

（1）选出比较对象

所谓比较对象，是指可以进行比较的题材，也就是容易找出相似点和不同点的不同事物。我们可以比较与讨论两则情节相仿的童话故事、每个国家同一时代发生的事、相似的人物或相似的事件，还可以比较主题类似的美术作品、音乐作品、文学作品或各家新闻媒体对同一事件的看法。比如，可以比较情节相似的韩国童话《土豆女与红豆女》（有两个女孩，一个是心地善良又美丽的土豆女，另一个则是坏心眼又丑的红豆女，红豆女总是不断地陷害土豆女……）与西方童话《灰姑娘》。

（2）查找资料、拟订题目

选出比较对象后，要彻底调查与分析相关资料，然后拟订题目。这个步骤最好能在家里事先完成，倘若有困难，也可以在课堂中进行。学生对于要比较的内容愈熟悉，学习效果愈好，因为了解愈多就愈容易进行比较。

我们大部分人属于右脑型，因此分析能力比较弱。对我们来说，最缺乏的就是左脑的特性，也就是说我们大部分人都不太理性，非常讨厌分析事理或讲求逻辑。

非理性的人经常会被自己的情感所左右，疏于思考，做事冲动，不会质疑自己的第一印象和想法，更容易以此作为判断的依据。此外，他们也不会承认自己的想法有误，不会追究合不合理，也听不进别人的意见，不会检讨别人和自己的想法有何不同。听到复杂难懂的话时，他们也不会试图弄懂，就直接全盘接受或是干脆拒绝聆听。以比较为重心的哈柏露塔，是一个可以改正我们思考和行为的弱点、让人练习综合性思考的好方法。

（3）两人讨论

举例来说，如果要比较《土豆女与红豆女》与《灰姑娘》，要先看完这两本书，拟出题目，然后两人一组进行哈柏露塔，也就是轮流发问、回答和反驳。可以交替发问，或是先

由一个人全部问完，再换另一个人发问。听完回答后，可以再提出延伸问题，问题愈多愈好。也可以分成"攻方"和"守方"来进行，发问者主要以问题和反驳来进行攻击，回答者主要以逻辑、证据来防守。

等发问和答辩进行到一个段落，两人再一起合作，从所有题目中挑出最好的一道题目。

（4）小组讨论

由 4~6 人组成一个小组，自由讨论在两人一组阶段里挑出的 2~3 道题目。先依序展示题目，然后针对该题目互相答辩、反驳、再提问，以此方式自由地讨论。讨论时，要从中挑出最好的一个题目，接着再针对题目进行讨论。讨论愈深入愈好，若有需要，也可以利用计算机或手机搜寻资料。

当小组成员一起挑出最好的题目并进行讨论后，要将讨论内容做最后的统整，并简单做出摘要、准备展示。以下是"好题目"的例子。

- 你认为灰姑娘和土豆女，谁比较辛苦？

- 水晶鞋穿得下吗？会不会碎掉？为何偏偏是水晶鞋呢？

- 假如故事是以王子和灰姑娘的婚礼作为开始的，情节会怎么发展？

（5）展示

推派一人来展示小组挑出的题目和讨论内容。每个组都要展示，分享每个小组挑出的题目及讨论内容。老师聆听学生发表见解时，要掌握学生有些什么想法、哪些部分不够充分，以及应该补充加强哪些地方。

（6）老师提问

在这个阶段，老师要和全体同学进行问答和讨论。比起解释或说明，老师更应该通过提问来刺激学生的思考，引导学生回答问题。

老师要针对学生挑出的题目及学生无法解决的部分再次提问，引导学生自由地表达想法。在这段时间里，老师要提问学生必须了解的内容，帮助学生有条有理地开口表达。

5 以教导同学为重心的哈柏露塔课程

在犹太人的密德拉什①或图书馆里，看不到任何一个独自

---

① Beth Midrash，犹太人聚集在一起研习犹太教经典的场所。

读书的人。犹太史中的著名人物乔舒亚说过："你自己当老师，结交可以一起研究的朋友吧。"这句话的意思是，找个你可以当老师教导他、他也可以当老师教导你的朋友。《塔木德》里说："从朋友或同学身上学到的东西，比从老师身上学到的东西更多。"由此可以看出，哈柏露塔是通过团体一起学习《塔木德》，互相讨论和争论，深入探讨其意义和教诲，而不是单独学习的方法。

"教导同学"的哈柏露塔课程是先决定范围，彻底熟悉内容后，再互相教导与学习。进行时最好找个程度和自己差不多的人，实力相近才能够进行激烈的提问和反驳，达到学习效果，不会有吃亏的感觉。被教导的一方在聆听时若有疑问，可以随时提出疑问

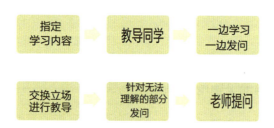

- 教材范围划分成两部分。
- 彻底学习自己负责的范围。

- 由一个人先讲课。

- 听课的人要不断提出问题。

- 交换立场，换人进行讲课。

- 听课的人要不断提出问题。

- 互相讨论，整理出无法理解的部分。

- 针对无法理解的部分提出问题。

- 老师提问。

"教导同学"的哈柏露塔，其基本雏形是指定学习内容→
教导同学→一边学习一边发问→交换立场进行教导→针对无法
理解的部分发问→老师提问。关于如何教导他人的细节，已在
前文提过，此处不再多做说明。

6 以学生出题为重心的哈柏露塔课程

由学生亲自出题，对重视考试的教育人群具有重要意义。
解答考题时，最重要的是掌握出题意旨，要想掌握出题意旨，
必须揣摩老师的立场。当学生自己出考题时，就会站在老师的
立场思考哪里是重点、什么内容必须要懂。

学生在拟订考题及修改题目时，能在出题过程中真正地学习，并且自然地培养出掌握题意的能力。

想把书读好，最重要的是必须有能力在阅读文章后掌握文意，也就是在看完题目后，可以明白出题的意图，有能力抓住题目的核心。培养这种能力最好的方法，就是实际体验出题的过程。和同学一起集思广益出题，可以得到最有效的启发。

在让学生出题的哈柏露塔课程中，让学生在指定范围里拟出题目，两人一组讨论并修改题目，再和所有小组成员讨论和修改，接着进行展示，老师再针对学生出的题目做最后的整理和总结。

- 彻底学习相关的教材内容。

- 拟订题目，分为客观式、主观式及叙述式等。

- 两人一组进行讨论与修改。

- 两人一起挑出适合的题目。

- 和所有小组成员讨论及修改题目。

- 小组成员一起挑选题目。

- 针对挑出的题目整理出题意旨。
- 展示题目和出题意旨。
- 总结。

在学生亲自出题的哈柏露塔课程中，上课过程是彻底学习相关的教材内容→拟订题目→两人一组进行讨论与修改，挑出适合的题目→和所有小组成员讨论与修改题目→展示题目→总结。亲自拟订题目实际上就是一个学习的过程，可以培养观察题目的眼力。老师只要根据需要，指定要出四选一选择题、五选一选择题、简答题或问答题等即可。

比如，可以让每个学生各拟 2 道五选一的选择题、1 道问答题，再两人一组进行讨论，由 4 道选择题中选出 2 题、2 道问答题中选出 1 题，再让 6 名学生组成一个小组，从 6 道选择题中选出 2 题、3 道问答题中选出 1 题，做最后的修改，并整理好出题意旨，最后进行展示。这样，就能通过讨论过程，培养出挑选题目的能力。

（1）拟订题目

老师先指定范围，让学生在指定的范围中拟订题目。最好在学校考试前进行这个课程。老师也可以参考学生拟订的题目

来出考题，因为如果告诉学生，他们拟的题目真的会出现在考卷上，学生会更用心拟订题目。就初中生的情况来说，只要公平分配各班的出题比例即可。

指定的范围不要太广，从小范围里出题比较容易。一开始可以只出一题，之后再慢慢增加，别给学生太大的压力。老师也可以直接根据学生所出的考题来打分数，作为学生的考试成绩。

指定出题范围后，再指定题型和题数。老师要先讲清楚四选一选择题、五选一选择题、简答题以及问答题等的各自特点，再明确地指定题型。

学生拟订题目时，可能会直接抄袭参考书或网络上的题目，因此老师必须先说明不能这样做，引导学生自己拟出题目。因为唯有学生自己出题，这个活动才有意义。

如果学生无法在家自己出题，可以在课堂上选择一段时间进行。一开始学生可能会出一些简单明了的题目，但之后就会思考什么内容是重点，逐渐拟出比较具有深度的题目。

（2）两人讨论与修改

这段时间要让学生两人一组，针对自己拟好的题目进行讨论，试着解题，修改成更好的题目。一人先提出自己出的题目让另一个人解题，解题时要询问出题者什么是出题的意旨，然后两人通过讨论思考题目的难易程度、是否在考试范围内、包含多少重点、有多少学生可以答对、要加强什么地方才能把题目修改得更完美等问题。讨论完一题后，再交换位置，讨论另一个人所出的题目。

两个人一起分析题目，思考如何修改成更好的题目，再从修改好的题目中，挑出要和所有小组成员一起讨论的题目，只要选出老师指定的题目数量进行修改即可。

（3）小组讨论与修改

这个时间要让所有小组成员针对选出的题目进行讨论与修改。可以让 4~6 名学生组成一组，自由讨论他们选出的题目。学生轮流针对每一道题目询问出题意图，并提出意见把题目修改得更好，认真地审查题目有无不合理之处。

修改题目后，选出老师指定的题目数量。大家一起讨论什么题目比较好，是不是学生自己想出来的题目，是否包含指定范围内的重点，最后选出大家都同意的题目。选定题目后，要检查是否有不合理之处，写下这道题目能够成为好题目的理由，并明确地写下出题意图，准备展示。

哈柏露塔学习法

（4）展示题目

　　每个小组推派一人说明本小组选出来的题目和出题意图，以及能成为好题目的理由。如果可能，展示时可以把计算机画面接到投影仪或电视上，然后利用计算机打出题目，让所有同学都能看到。接着学生要试着解答其他小组的题目，并思考该题目的优点。老师要在一旁聆听学生的展示，了解学生的出题想法，并检查学生有没有遗漏的地方。

（5）总结

　　这段时间老师要和所有学生一起讨论发表的题目，可以用投影仪或电视播放每个小组的题目，通过发问和讨论，和所有学生一起分析每道题目的优点，以及哪些部分需要加强与修改。老师只要具体提出题目的优点和需要加强的地方，让学生明白即可，也可以提出具体的根据，选出最好的题目，并颁奖给拟出题目的学生。

第2章
成绩与实力同时提升的学习法

> 　　如此一来，孩子就能长久记住从父母口中听到的内容，尤其是父母的爱。因此，他们不会怀疑父母的爱。因为有被爱的信念，犹太人无论去到何处，都能自信地生存。

▍预习时先理解整体的脉络

　　传统教育下的学生习惯于听课或看书的学习，不这么做就容易感到不安，因此我们在导入哈柏露塔时，必须利用现有的方式，比如看影片上课、听老师上课，或是自己看书学习，才能让学生感到安心。

用这些方法学习时，重点在于了解与掌握整体的脉络。在看影片上课前，必须先了解影片的主题与内容，在看书学习前则要先浏览目录掌握内容，重点不是背诵，而是要理解。

听老师上课时，也必须事先掌握整体脉络，进行全盘的理解。看教科书时别盲目背诵，要抓住重点及需要背诵的部分。可以用荧光笔或铅笔分别标出不同层次的内容，再用自己的声音录下这些内容。

读书时必须区分重要与不重要的部分。学习到一定的程度时，习惯这样的方式就能自然地区分出重点。另外，必须懂得区分哪些内容一定要背，因为考试题目大部分还是以背诵的知识为主。

2 录下重点，反复聆听

学习时不能一直坐在书桌前，这样的方法不会有效。任何人都必须吃饭、梳洗或上厕所，学生也必须走路或乘车上下学，另外在面对不同老师时，也必须接受不同的教学方式。也就是说，我们不可能时时刻刻都坐着读书，因此，善用没有坐在书桌前的时间很重要。

学习时，我们需要定时休息，大脑必须休息好才能继续学习。休息时最好进行和学习完全不同的活动，可以做伸展操运动、洗把脸、洗个澡，或是出去散散步。

想要善用休息时间学习，方法就是用自己的声音将学习内容录下来。

现在的智能手机都有录音功能，因此我们可以善加利用。录音时，必须在没有噪声的环境下进行。如果是在类似书房的地方读书，想休息时只要躺下来，按下智能手机的录音键，就可以录下读书时觉得重要且做了记号的部分。

录音时只录重点，不过声音要有变化，这样才能让自己一听就了解。必背内容要反复录三四次，偶尔可以来点效果，比如录下"某某某，注意听好，这里非常重要"的句子，听录音时才不会觉得单调，可以更专心。

储存录音文件时要取个容易看懂的名字，就能随时反复聆听这些录音文件。不管乘车、走路、上厕所或吃饭，都可以戴上耳机专心听自己的录音，并同时背诵。

还可以录下看书时标记的重点或背不下来的部分。对于问答题，可能不容易录下全部的内容，因此只要录下概要即可。概要必须包含核心内容或关键词，然后以自己能够理解的说法录音。

听自己的录音时，可能会感到非常陌生，觉得不像自己的声音，这是因为通过空气传导的声音和通过身体传导的声音不同。听自己说话时，不只是用耳朵，也会通过身体内部来听，声音是通过体内含有液体的各个器官进行传递。然而录音时，声音只是通过空气传递，因此听起来就会不一样。

不过只要听久了便能习惯，而且比起别人的声音，大脑对自己的声音更敏感，经常在吃饭、上厕所、乘车时听自己的录音，就能投入其中。别人不会知道你在念书，会以为你在听音乐，事实上你却是在学习。

读书需要反复，因为考试几乎都以背诵为基础。必须反复聆听许多次，才能变成长期记忆。但是不需要的东西，也没有必要变成长期记忆，录音内容一定得是需要长期记忆的内容。因此，要有能力在读书时抓重点，并且一定要做记号。

聆听录音的周期或顺序，只要参考艾宾浩斯的遗忘曲线即可。最好在 10 分钟后、一天后、一周后及一个月后重听录音内容。每次重听复习后，也可以针对核心部分再另外录下来听。换句话说，就是复习时要检查之前背不下来的部分和必须重背的部分，只把这些内容重新录下来，反复聆听与复习。

3 打造可以投入的环境，并善用手、脚与嘴巴.

　　相信大家都知道读书必须投入，投入是一个人全神贯注在一个活动里，达到极致时自然出现的感觉。投入一件事情时，首先，周遭的声音会消失，接着颜色消失，仿佛时间静止了。运动选手或处于生死关头的人会有这种体验：只想着一件事，心中容不下其他的杂念。

　　有能力完全投入某件事的人，无论做什么事都能投入。然而书念不好的学生，通常就是只有身体坐在书桌前，脑子里却在胡思乱想。

　　若要打造出可以投入的环境，关键在于明确的目标、明确的规则与迅速的回馈。当人面临稍微困难的问题时，如果能拥有前述的条件，就容易变得投入，不容易感受时间的流逝。虽然有些辛苦，需要消耗许多精力，但日后回头来看，会是非常愉悦的经验。

　　投入的重点在于缓慢且长久的思考。在书桌前思考固然很重要，在日常生活中投入也很重要。思考时要将所有时间及活动都与问题联系起来。必须从多方面深入思考。睡觉前要思考，睡觉时要思考，睡醒后也要思考，吃饭与上厕所时都要思考。不是只专心思考 10 分钟，而是一整天、一整周、一

整个月都要专心思考。拓广思考的范围，就能使日常生活变得单纯。

无论是人生难题、数学问题，或是想不透的哲学思想，只要经过一定时间的思考，大脑就会记住问题，为了解决问题，就会采取全面动工的姿态。经过长时间思考后，大脑会认为这个问题攸关生死存亡、必须优先解决，下意识会为了获得创意而开始适当地组合储存于大脑中的长期记忆。

读书要投入，必须不断聆听自己的录音内容，不断思考。学习时，睡前 30 分钟要整理一整天学到的东西。如此一来，大脑会将睡前学习的东西储存成长期记忆，能提高学习效率。这种投入的力量结合睡眠时，威力更为强大。持续想着问题，即使入睡后，大脑也会产生惯性想要解决这个问题。大脑在睡眠中试图解决这个问题时，就可以使用广大的无意识领域，让大脑在无意识中接触这个问题。之前经历过的那段缓慢、长期的思考，就是为这个阶段所做的暖身操。

和投入同等重要的，是要多使用手、脚与嘴巴。手和大脑的许多部分都有关联，甚至被称为第二个大脑。韩国人头脑聪明是因为使用铁筷。大邱庆北科学技术院和岭南大学医院曾针对20名成年男女做过实验，让他们使用铁筷、木筷和叉子来夹豆子，结果发现，使用铁筷时大脑活动最为频繁。研究团队让试验者使用铁筷、木筷、叉子在两秒内夹起小黑豆，结果显示，使用木筷时，大脑的活跃程度比用叉子多24%，使用铁筷时，大脑的活跃程度比用叉子时多了100%。

这三种餐具都能刺激大脑里管理动作计划和执行的部位，但使用铁筷时，参与视觉注意力的大脑额叶会非常活跃，负责计划和执行动作的大脑部位的活动量也会比使用其他餐具时更大。

MBC（韩国文化广播公司）制作的《启发孩童大脑的 101个秘密》中，在"搓搓手掌抓一抓"这一集里做过很有趣的实验：让小学生在拿铁筷夹豆子 15 分钟后做数学考卷，和直接做数学考卷的学生互相比较，发现铁筷组的成绩明显更好。另外，在考试前先按摩手部并做一些简单的手部运动，数学成绩也会比没做手部运动的同学好。

读书读到很累、很无趣时，可以做做手部运动，或是用铁筷夹豆子，这些方法都可以提升专注力。建议左、右手要轮流交换，做 10~30 分钟最好。

另外，读书时可以赤脚，也可以一边光脚走路一边看书。还有，使用嘴巴也对读书很有帮助。手部、脚部和嘴部有很多神经，因此当这些部位活动时，可以刺激大脑活动。主播背稿子时都会朗读背诵，因为发出声音时记忆会更深刻。

独自念书时，和自己进行哈柏露塔非常有效。我们可以在房间里走来走去，同时对自己提问，再自己回答。当然，自问自答时一定要发出声音，这样的学习方式比较有趣，不会无聊。大脑通常是开放的状态，发出声音问问题时，大脑会变得紧张，因此就能背得更快、记得更久。

除此之外，睡觉前的时间非常重要。大脑在进入睡眠时，会整理脑中的信息，整理出哪些记忆需要丢掉、哪些需要留下，因此睡觉前获得的信息，会在大脑里储存得更久。

犹太人通常会读睡前故事，睡前故事可以发挥强大的威力，理由也在于此。犹太父母在孩子睡觉前会进到孩子的房间讲故事，和孩子聊天，然后再做睡前祈祷，哄孩子睡觉。如此一来，孩子就能长久记住从父母口中听到的内容，尤其是父母的爱。因此，他们不会怀疑父母的爱。因为有被爱的信念，犹太人无论去到何处，都能自信地生存。

4 和同学一起进行哈柏露塔的方法

要和同学一起进行哈柏露塔，可以运用"教导他人"的方式来进行，两人一组时最有效率，不但时间比较好配合，而且有更多机会可以开口说话，最容易培养感情。如果要增加人数，最好别超过四个人。小组的读书方式是互相发问、回答，并进行热烈的讨论和争论。

选择在图书馆或自修室等安静的地方读书固然很好，但近来愈来愈多人觉得在安静的空间读不下书或是觉得枯燥乏味，因此喜欢到类似咖啡厅的开放空间读书。大家可以发现，以前有非常多的复习中心，最近明显减少了，因为大家已经不喜欢困在用隔板隔开的空间里独自念书。

周围有声音不一定会妨碍读书，有时声音反而对读书有帮助，这些声音称为"白噪声"（white noise）。所谓噪声，是指对听者没有帮助的声音，包括两种类型：一种是维持特定音高的"彩色噪声"（color noise），另一种是音域比较宽的"白噪声"。

各种不同频率的光混合后会变成白光，各种不同频率的声音混合起来，就称为白噪声。白噪声是指混合各种频率的声音信号，也就是说，会结合许多不同音高的声音，无法分辨是什么声音。典型的例子有雨声、瀑布声、浪声、溪水声等。这些声音我们都能听到，却不会使人不专心，反而可以提升专注力，给人心灵上的安定。

耳朵很容易习惯白噪声，因此几乎不会造成妨碍，反而可

以掩盖周遭烦人的声音。白噪声能安抚人的情绪，使人进入深层睡眠，纾解压力，提高专注力和记忆力。

崇实大学声音工学研究所的研究显示，在办公室里偷偷播放比周遭一般噪声更大声的白噪声时，员工明显会降低在工作中闲聊，或做一些不必要身体活动的概率。他们也以初中生为对象做过实验，一组在播放白噪声的情况下背诵英文单词，另一组则在没有声音的情况下背单词，结果显示，播放白噪声组的记忆力提升了35%左右。

聆听白噪声时，脑中的阿尔法脑电波会增加，贝塔波会减少。当人处于精神集中或放松状态时，脑中会产生阿尔法波，感到不安时会产生贝塔波。专家主张，只要让感到不安的新生儿聆听他们在子宫里听过的声音，啼哭的婴儿就能因为获得了安全感而停止哭泣。

在图书馆里和几百或几千人在同一个空间里进行讨论和争论时，犹太人反而更专心的理由就在于此。两人一组在同一个空间进行讨论时，四周会飘散着各式各样音频的声音，然后变成无法辨识声音的白噪声。这种闹哄哄的状态最能提升专注力，因为太吵闹时，就必须更专心聆听对方的声音，因此便会形成高度的专注力。两人一组专心讨论时，就完全不会在意周遭的声音，也不会感到嘈杂。

　　和同学两人一组读书，各个方面都会变得很有效率。可以以自己擅长的科目或内容为主，自己没学到的部分，只要让同学教自己就好了。互相讲解学到的内容，就能抓住重点，在归纳的同时进行复习，了解自己哪里懂、哪里不懂。自己亲自说明过的内容，可以记得更久。

　　学习的一方要在聆听时提出问题，针对不明白或需要详细说明的部分提出疑问，那么教导的一方就会变得紧张，进而刺激大脑活动。互相提问、解释、回答，就能达到最好的学习效果。

　　说明的同时也会厘清自己不懂的部分。若有什么地方无法说明，就表示在记忆中没有相关信息，或自己还不是很清楚。这个部分只要在同学的帮助下加强学习，或是查询网络或书籍后真正理解就好。

　　成绩优秀的学生只会检查几道自己没有把握的题目，然后立即就能知道自己的分数。然而功课不好的学生即使在考完试后，也不晓得哪些答对、哪些答错，或是完全不检查答案，等分数出来后才懊恼地说："这题我明明会，却答错了。"功课优秀的学生，可以明确分辨自己哪里懂、哪里不懂；功课不好的学生，会认为自己都懂了，可是却只是似懂非懂。

　　只要照着以上的方式，就能把别人需要花费三四年时间学习的内容，在一年内解决，看起来像是完全没有在读书，却可

哈柏露塔学习法

以在考试里拿到高分。这种学法虽然没有在书桌前坐很久，但在闲逛或和同学闲聊时也可以进行，因此在别人眼中像是不专心读书，但是结果却会非常出人意料。

芬兰学生每天读书 4 小时 22 分钟，在国际学生评估项目中的数学成绩是第 1 名，韩国学生每天读书 8 小时 55 分，却是第 2 名；犹太人的读书时间没有韩国人长，录取率却占常春藤盟校的 30%，更拿到了 22% 的诺贝尔奖，这就是学习效率的差别。当我们秉持好奇心和疑问与别人讨论时，就能拥有最高的学习效率。尤其是将自己所学的内容教给同学或向同学请教时，学习效果非常显著。